T0209066

Sammlung Metzler
Band 192

Gottfried Weißert

Ballade

2., überarbeitete Auflage

Verlag J. B. Metzler
Stuttgart · Weimar

CIP-Kurztitelaufnahme der Deutschen Bibliothek

Weißert, Gottfried:
Ballade / Gottfried Weißert.
– 2., überarb. Aufl.
– Stuttgart : Metzler, 1993
(Sammlung Metzler ; Bd. 192)
ISBN 978-3-476-12192-9
NE: GT

ISSN 0558 3667
ISBN 978-3-476-12192-9
ISBN 978-3-476-04097-8 (eBook)
DOI 10.1007/978-3-476-04097-8

SM 192

© 1993 Springer-Verlag GmbH Deutschland
Ursprünglich erschienen bei J.B. Metzlersche Verlagsbuchhandlung
und Carl Ernst Poeschel Verlag GmbH in Stuttgart 1993

EIN VERLAG DER *SPEKTRUM FACHVERLAGE GMBH*

INHALT

ABKÜRZUNGEN DER KURZTITEL DER HÄUFIG ZITIERTEN LITERATUR

Degener, F.: Formtypen d. dt. B. im 20. Jh. Diss. Göttingen 1960 (masch.) = *Degener*

Freitag, Ch.: Ballade, Bamberg 1986 = *Freitag*

Grimm, G. H.: Gedichte u. Interpretationen, Deutsche Balladen. Reclam 1988 = *Grimm:* Interpretationen

Hassenstein, F.: Die deutsche Ballade Hannover 1986 = *Hassenstein:* Ballade

Hinck, W.: Die dt. B. von Bürger bis Brecht. Kritik und Versuch einer Neuorientierung. ²1972 = *Hinck*

Kayser, W.: Geschichte der dt. B. 1936 = *Kayser*

Köpf, G.: Die B.: Probleme in Forschung und Didaktik. 1976 = *Köpf*

Lang, P.: Die Balladik, Basel 1942 = *Lang*

Laufhütte, H.: Die deutsche Kunstballade. Grundlegung einer Gattungsgeschichte. Heidelberg 1979 = *Laufhütte:* Ballade

Meier, J.: Balladen. (unveränd. reprograf. Nachdruck d. Ausg. 1934/35. 1964) = *Meier*

Reallexikon d. dt. Literaturgeschichte. Hrsg. v. Merker/Stammler. 1928/29 = *RL I*

Reallexikon d. dt. Literaturgeschichte. Hrsg. Mohr/Kohlschmidt. 1958 ff. = *RL II*

Müller-Seidel, W.: Die dt. Ballade. Umrisse ihrer Geschichte. In: Wege zum Gedicht II. Hrsg. R. Hirschenauer u. A. Weber. ²1968 = *Müller-Seidel*

Riha, K.: Moritat, Song, Bänkelsang. Zur Geschichte d. modernen B. 1965 = *Riha I*

Riha, K.: Moritat. Bänkelsang. Protestballade. Zur Geschichte des engagierten Liedes in Deutschland. 1975 = *Riha II*

Schneider, R.: Theorie d. B. Diss. Bonn 1950 masch. = *Schneider*

Weber, A./Hirschenauer, R.: Wege zum Gedicht. Bd. II: Wege zur Ballade. 1976 Nachdruck der Auflage ²1968 = *Wege zum Gedicht II*

Der Zielsetzung der Reihe gemäß will auch dieses Bändchen eine Einführung in die Theorie und Geschichte der Ballade sein. Es erhebt nicht den Anspruch, eigene Forschungsergebnisse vorzulegen oder eigene Forschungsansätze zu zeigen. Deshalb ist der Verfasser älteren Darstellungen der Ballade wie der Kaysers, Müller-Seidels, Hincks und vieler anderer durchaus verpflichtet. Neuartig ist die Methode der Darstellung insofern, als neben der Theorie der Ballade (I. Teil) und einem historischen Abriß (II. Teil) einzelne Arten der Ballade dargestellt sind und daß auch hier versucht wurde, geschichtliche Entwicklungen aufzuzeigen (II. Teil). Dabei waren Überschneidungen zum allgemeinen historischen Abriß nicht ganz zu vermeiden; der Leser hat so aber die Möglichkeit, einen Teil auch ohne die Voraussetzung des anderen zu verstehen. Querverweise machen auf die Verbindungen des einen zum anderen Teil aufmerksam. Auch bei der Darstellung der Didaktik der Ballade (IV. Teil) wurde versucht, die unterschiedlichen Aspekte und Ansätze etwas vom jeweiligen historischen Hintergrund her zu beleuchten.

I. Theorie der Ballade

1. Zur Begriffsgeschichte

Das Wort *Ballade* ist der Begriff, der sich in Deutschland seit dem letzten Drittel des 18. Jh.s für kurze erzählende Gedichte im weitesten Sinne durchgesetzt hat. Die Schwierigkeit, die Ballade als Dichtungsform im engeren Sinne zu begrenzen, war im 18. und 19. Jh. noch dadurch erschwert, daß man neben dem Begriff Ballade synonym den Begriff »Romanze« gebrauchte und sich zugleich bemühte, beides wissenschaftlich voneinander zu scheiden. In neuester Zeit wurde der Begriff »Erzählgedicht« eingeführt, wobei dieser Terminus einmal als Begriff gilt für erzählende Gedichte allgemein, wovon dann die Ballade oder die Romanze als spezielle Typen gelten können; zum andern hat man versucht, mit dem Begriff Erzählgedicht neuere erzählende Gedichte zu bezeichnen, die deutlich andere Strukturen als die der »traditionellen« Ballade aufweisen, des Balladentypus also, der eben seit dem letzten Drittel des 18. Jh.s (verknüpft mit den Namen Bürgers, Goethes und Schillers) bis ins 20. Jh. (z. B. Münchhausen) vorherrschte. Um hiervon neuere Formen zu trennen, findet man statt Erzählgedicht auch öfters den Begriff »Neue Ballade« verwendet.

Das Wort »Ballade« ist seit dem 16. Jh. im Deutschen belegt, und zwar in der Bedeutung von Tanzlied. Es ist dem Französischen entlehnt, abgeleitet aus dem provencalischen »ballade«, das wiederum dem italienischen »ballata« entstammt und von dem Verb »ballare« (tanzen) abgeleitet ist. Daher bezeichnet »Ballade« in romanischen Ländern ein von Tanzenden gesungenes Lied.

Durchgesetzt hat sich in Deutschland das aus dem Englischen stammende Wort »ballad«, welches hier eine volkstümliche Erzählung in Liedform bedeutet.

Aus der Herkunft des Worts hat die Forschung die Definition für die gesamte Gattung ableiten wollen. Andreas Heusler wollte z. B. den Begriff Ballade auf Gedichte einengen, die tatsächlich zum Tanz gesungen wurden. John Meier hat in dem nur auf Lateinisch überlieferten Lied der Kolpinger Bauern tatsächlich den frühesten Beleg für solche Lieder auf deutschem Boden gegeben. Nicht getanzt wurde aber die große Zahl der englischen ballads, ebensowenig die deutsche »Volksballade«. (Die Bezeichnung »Volksballade« wurde allerdings erst später auf diese Gedichte übertragen.) So hat Wolfgang Kayser gefordert, daß man sich für die Definition der Gattung frei machen müsse von der Etymologie des Wortes. (*Kayser* S. 8) Denn unter dem Begriff Ballade sind sehr verschiedenartige Gebilde bezeichnet worden. Die Balladen im romanischen Sprachraum blieben stets dem Gesang und dem

1

Vortrag mit Instrumenten mehr verhaftet. In Frankreich hat die Ballade nach den Troubadourgesängen im 13. und 14. Jh. ihren Höhepunkt mit François Villon. Die romanischen Tanzlieder des 12. Jh.s gelangen nach Skandinavien, wo sie im Dänischen die »Kämpeviser« – epische und gleichfalls kürzere Gedichte – beeinflussen. Daneben ist jedoch im skandinavischen Sprachraum eine wichtige andere Tradition vorrangig, die der rein epischen kurzen Gedichte, ähnlich den englischen »ballads« oder der deutschen Volksballade. Arthur Kutscher hat deshalb den Begriff Ballade auf ein keltisches Wort »walad, balad« zurückführen wollen in der Bedeutung »erzählendes Lied im volkstümlichen Ton«.

Die Schwierigkeiten, die sich einer, diese unterschiedlichen Befunde umfassenden, einheitlichen Definition entgegenstellten, wurden noch dadurch erhöht, daß sich in Deutschland parallel zum Begriff Ballade der Begriff *Romanze* einbürgerte. Das Wort stammt aus dem Spanischen (romance = das in der Volkssprache lingua romana – im Gegensatz zum Lateinischen – Geschriebene). Es bezeichnete dort ein episches volkstümliches Lied meist erzählenden Inhalts, nach Gero v. Wilpert: Preislieder auf Glaubens- oder Freiheitshelden und deren Taten und Liebesgedichte.

Die Romanze als Kunstform entstand in Spanien im 14./15. Jh., ihre klassische Zeit hatte sie mit Gongora, Lope de Vega, Quevedo und anderen. Gleim hat 1756 den Begriff in Deutschland eingeführt mit der Übersetzung von Moncrifs »Marianne«. Er begründete damit eine in Deutschland neue Gattung des Erzählgedichts, die bald von vielen nachgeahmt wird.

Ballade und Romanze werden in der Folgezeit von Ästhetikern und Produzenten manchmal synonym verwendet. Bürger schrieb z. B. schon bei der Arbeit an der »Lenore«: »Nun hab ich eine lyrische Romanze in der Mache« oder »ich habe eine herrliche Romanzen Geschichte aus einer uralten Ballade aufgespürt« oder »als Hölty aus den Reliques of Ancient Poetry die höhere Ballade oder Romanze kennenlernte, da machte er sehr gute Balladen«. (zit. n. *Lang* S. 62/63) Auch Herder, Goethe und Schiller verwenden einmal die eine, einmal die andere Bezeichnung, so daß schon Eschenburg in einer späteren Auflage seines »Entwurfes einer Theorie und Literatur der schönen Künste und Wissenschaften« äußerte: »Zwischen Romanzen und Balladen scheint durchaus kein wesentlicher Unterschied zu sein«. (ebda) Trotzdem beschäftigen Versuche, für beide Begriffe unterschiedliche Definitionen zu finden, die Forschung auch heute noch. (J. *Müller*, A. *Elschenbroich*) Zum einen suchte man Ballade und Romanze so zu trennen, indem man der Romanze – im Anschluß an die von Gleim und seinen Nachfolgern geschaffenen Romanzen – das Attribut »komisch« zulegte im Gegensatz zu der »ernsten« und »düsteren« Ballade. Schiller nennt z. B. die Gedichte

»Der Handschuh« und »Die Bürgschaft«, für die sich heute die Bezeichnung »Ballade« durchgesetzt hat, im »Musenalmanach für das Jahr 1798« Romanzen. Möglicherweise diente ihm als Unterscheidungskriterium zur Ballade der gute Ausgang beider Gedichte im Unterschied zum tragischen Ausgang in den Gedichten »Der Taucher« oder »Der Ring des Polykrates«. Vielleicht verstand er aber auch unter Romanzen wie August Wilhelm Schlegel und später Friedrich Theodor Vischer solche Gedichte, die in südlichen Gelände spielen. Demnach käme der Romanze das Attribut »südlich-hell«, der Ballade das Attribut »nordisch-dunkel« zu.

Weit eindeutiger ist der Romanzenbegriff der Romantiker, wenn sie ihn für die sogenannte »assonierende Romanze« anwenden. Das sind Gedichte, in denen nach dem Vorbild der Spanier versucht wurde, strenge Kunstformen des Reims, insbesondere Verse in assonierenden vierhebigen Trochäen nachzuahmen. Das Kriterium zur Benennung ist hier ein eindeutig formales und nicht ein inhaltliches Phänomen. Daher hat sich für diese spezielle Dichtart der Begriff Romanze gehalten. Mit dem Erzählgedicht hat diese Art der Romanze wenig gemein. Trotzdem rechnet Kayser sie als geschlossene Unterart, als Randform zur Ballade: »Aber alle Versuche, darüber hinaus bei den deutschen Gedichten die Romanzen von der Ballade zu trennen, müssen scheitern« (*Kayser* S. 138).

Literatur:

Echtermeyer, T.: Unsre Balladen- und Romanzen- Poesie. [...] In: Hallische Jahrbücher für deutsche Wissenschaft und Kunst. Nr. 96 – 99 (22. – 25. 4. 1839), S. 761 – 800

Elschenbroich, A.: Die Romanze in der dt. Dichtungstheorie d. 18. Jh. u. d. Frühromantik. In: Jb. d. Freien Dt. Hochstifts. 1975

Entwistle, W.: European Balladry. Oxford 1939

Fede, N. di: La ballata tedesca. Milano 1952

Heusler, A.: Über die Balladendichtung des Spätmittelalters. In: GRM, X, 1922

Köpf, G.: S. 7 – 30.

Kühnel, J.: Artikel »Ballade« u. »Romanze«. In: Metzler-Literatur-Lexikon. Stichwörter zur Weltliteratur, hg. v. G. u. I. Schweikle. Stuttgart 1984, S. 35 – 37 u. S. 377 – 378

Lucae, K.: Zur Geschichte der deutschen Balladendichtung. In: K. L.: Aus deutscher Sprach- und Literaturgeschichte. Gesammelte Vorträge. Marburg 1889, S. 189 – 217

Meier, J.: S. 7 – 34

Metzner, E. E.: Zur frühesten B.-Dichtung. Der Tanz in Kölbigk. 1972

Müller, J.: Romanze und Ballade. In: Germanisch-Romanische Monatsschrift. N. F. Bd. IX. 1959, S. 140 – 156; auch in Müller-Seidel (Hg.), 1980, S. 216 – 232

Ohlschläger, M.: Romanze. In: RL I
Prang, H.: Formgeschichte der Dichtkunst (1968)
Rodger, G.: A new approach to the »Kunstballade«. In: German Life and Letters 16. (1962/63)
Rodger, G.: A reason for the inadequacy of the romanic Kunstb. In: MLR 55 (1960)
Schnellbach, P.: Für d. B. 1931
Scholz, W. v.: Die B. 1942
Steffensen, St.: Den Tyske Ballade. (Festschrift) Kopenhagen 1960
Treitschke, R.: Über den Begriff von Ballade und Romanze und poetischer Erzählung. In: Wissenschaftliche Beilage der Leipziger Zeitung. Nr. 57 (16. 7. 1865). S. 253–256
Vogel, H.: Das Wesen d. B. In: Evangelische Theologie. 1952, XII, H. 4/5
Wildbolz, P.: Kunstballade. In: RL II
Woesler, W.: Die Ballade. In: Formen der Literatur in Einzeldarstellungen. Hrsg. von Otto Knörrich. Stuttgart 1981. S. 28–37
Zgorelski, Czeslaw: Le dynamisme de la ballade comme genre litteraire. In: Poetics 1961

2. Die Ballade im Gefüge der Gattungen

Für die Theoretiker stand von Anfang an die Frage im Vordergrund, wo denn die Ballade im Gefüge der Gattungen einzuordnen sei. In Sulzers »Allgemeiner Theorie der Literatur und der schönen Künste« gibt es noch keinen Artikel über die Ballade, wohl aber einen über die »Romanze«, und in Eschenburgs »Entwurf einer Theorie und Literatur der schönen Wissenschaften« heißt es über die Romanze:

»Zu dieser letztern Gattung der lyrischen Poesie [d. h. dem Lied] ist auch die Romanze zu rechnen, die gemeiniglich ihrem Inhalte nach erzählend und ihrer Einkleidung nach lyrisch ist. Gewöhnlich ist irgendeine merkwürdige, oft auch an sich wenig erhebliche, aber durch den Vortrag des Dichters merkwürdig gemachte Begebenheit der Gegenstand dieser Dichtungsart, von leidenschaftlicher, tragischer, wundervoller, verliebter, oder auch bloß belustigender und scherzhafter Wendung. Mehr das Interessante der Begebenheit selbst oder des dichterischen Vortrags als der Umfang derselben, und ihr Reichtum an vielfachen, einzelnen Umständen, bezeichnet die darin erzählte Handlung.« (zit. n. *Kayser* 138)

Von allen seitherigen Definitionsversuchen sind weitaus am einflußreichsten Goethes Bemerkungen zur »Ballade vom vertriebenen Grafen«:

»Die Ballade hat etwas Mysterioses, ohne mystisch zu sein – Diese letzte Eigenschaft eines Gedichtes liegt im Stoffe, jene in der Behandlung. Das Ge-

heimnisvolle der Ballade entspringt aus der Vortragsweise. Der Sänger nämlich hat seinen prägnanten Gegenstand, seine Figuren, deren Taten und Bewegung so tief im Sinne, daß er nicht weiß, wie er ihn ans Tageslicht fördern
will. Er bedient sich daher aller drei Grundarten der Poesie, um zunächst
auszudrücken, was die Einbildungskraft erregen, den Geist beschäftigen
soll; er kann lyrisch, episch, dramatisch beginnen und, nach Belieben die
Formen wechselnd, fortfahren, zum Ende hineilen oder es weit hinausschie-
ben. Der Refrain, das Wiederkehren ebendesselben Schlußklanges, gibt dieser Dichtart den entschiedenen lyrischen Charakter. – Hat man sich mit ihr
vollkommen befreundet, wie es bei uns Deutschen wohl der Fall ist, so sind
die Balladen aller Völker verständlich, weil die Geister in gewissen Zeitaltern
entweder kontemporan oder sukzessiv bei gleichem Geschäft immer gleich-
artig verfahren. Übrigens ließe sich an einer Auswahl solcher Gedichte die
ganze Poetik gar wohl vortragen, weil hier die Elemente noch nicht getrennt,
sondern wie in einem lebendigen Ur-Ei zusammen sind, das nur bebrütet
werden darf, um als herrlichstes Phänomen auf Goldflügeln in die Lüfte zu
steigen.« (Kunst und Altertum II, 1 [1821])

Für die Balladendiskussion werden diese Aussagen deshalb ein-
flußreich, weil Goethe in der Ballade das »Ur-Ei« der Dichtung sehen will, genetisch die Form, die die Urform der Dichtung darstelle,
in der nämlich die später getrennten Gattungen, Lyrik, Epik und
Drama, noch vereint seien. Es ist nicht zu leugnen, daß Goethe hier
noch (1821) deutlich im Banne Herderscher Ideen steht, der glaubte,
gerade in diesen balladenhaften Formen der Volkspoesie Urformen
menschlicher Poesie entdeckt zu haben, Gedanken, die in der Dichtungstheorie der Romantiker weiter verfolgt wurden. An anderer
Stelle spricht Goethe von den »Naturformen« der Poesie:

»Es gibt nur drei echte Naturformen der Poesie: die klar erzählende, die
enthusiastisch aufgeregte und die persönlich handelnde: Epos, Lyrik und
Drama. Diese drei Dichtweisen können zusammen oder abgesondert wirken. In dem kleinsten Gedicht findet man sie oft beisammen, und sie bringen
eben durch diese Vereinigung im engsten Raume das herrlichste Gebild hervor, wie wir an den schätzenswertesten Balladen aller Völker deutlich gewahr
werden.« (Noten zum Westöstlichen Divan)

In beiden Fällen ging es Goethe wohl nicht in erster Linie um eine
Definition der Ballade. Indem er in der Ballade alle Gattungen der
Dichtkunst vereint sah, ging er den Schwierigkeiten aus dem Weg,
vor die sich die anderen gestellt sahen. Goethes Idee vom »Ur-Ei« sei
ein elegantes Beiseiteschieben eben dieser Schwierigkeiten, meint
Clemens Heselhaus (S. 169). Auch Bürger hatte Romanzen und Balladen episch-lyrisch genannt, auch Eschenburg hatte angedeutet,
daß in der Romanze mehrere Gattungen zusammenwirken: Sie sei
»gemeiniglich ihrem Inhalte nach erzählend und ihrer Einkleidung

nach lyrisch«. Er hat sich aber dafür entschieden, daß die Ballade vorrangig zur Epik gehört.

Spitteler – als Praktiker, nicht als Theoretiker – versucht (1896) diese Frage pragmatisch zu entscheiden, er verfällt dabei aber einem Zirkelschluß: »Ich frage einfach: Wer schreibt und wer schrieb von jeher Balladen? Die Literaturgeschichte antwortet: Der Lyriker. Daraus ziehe ich den Schluß, daß die Ballade zur lyrischen Poesie gezählt werden muß«. (Zit. nach *Lang*, 52) Diese Konvention, die Ballade zur Lyrik zu rechnen, hat sich in der Tat bis heute gehalten. Die Ballade stehe der Lyrik näher als der epichen oder dramatischen Dichtung, sagt Walter Müller-Seidel. (*Müller-Seidel*, 20) Trotzdem haben sich im Zusammenhang mit der Ballade fast alle Literaturtheoretiker mit der Frage beschäftigt, ob die Ballade eine größere Affinität zur Lyrik oder zur Epik besitze. Hegel rechnet die Ballade in den »Vorlesungen über die Ästhetik« zur Lyrik. Dort heißt es in dem Kapitel über »Die Gattungsunterschiede der Poesie«:

»Wie wir im Epos mehrere Arten fanden, welche sich gegen den lyrischen Ton des Ausdrucks hinneigten, so kann nun auch die Lyrik zu ihrem Gegenstande und zu ihrer Form eine dem Gehalt und der äußeren Erscheinung nach epische Begebenheit nehmen und insofern an das Epische heranreichen. Heldenlieder, Romanzen, Balladen z. B. gehören hierher. Die Form für das Ganze ist in allen diesen Arten einerseits erzählend, indem der Hergang und Verlauf einer Situation und Begebenheit, einer Wendung im Schicksal der Nation usw. berichtet wird. Andererseits aber bleibt der Grundton ganz lyrisch; denn nicht die subjektivitätslose Schilderung und Ausmalung des realen Geschehens, sondern umgekehrt die Auffassungsweise und Empfindung des Subjekts – die freudige oder klagende, mutige oder gedrückte Stimmung, die durch das Ganze hindurchklingt – ist die Hauptsache, und ebenso gehört auch die Wirkung, zu welcher solch ein Werk gedichtet wird, ganz der lyrischen Sphäre an. Was nämlich der Dichter im Hörer hervorzubringen beabsichtigt, ist die gleiche Gemütsstimmung, in die ihn das erzählte Begebnis versetzt und welche er deshalb ganz in die Darstellung hineinlegt hat. Er drückt seine Schwermut, Trauer, Heiterkeit, seine Glut des Patriotismus usf. in einem analogen Begebnis in der Weise aus, daß nicht der Vorfall selbst, sondern die sich darin widerspiegelnde Gemütslage den Mittelpunkt ausmacht – weshalb er denn auch vorzugsweise nur diejenigen Züge heraushebt und empfindungsvoll schildert, welche mit seiner inneren Bewegung zusammenklingen und, insofern sie dieselbe am lebendigsten aussprechen, das gleiche Gefühl auch im Hörer anzuregen am meisten befähigt sind. So ist der Inhalt zwar episch, die Behandlung aber lyrisch.«

Weil die Schilderungen in der Ballade und der verwandten Dichtarten nicht objektiv, sondern subjektiv bedingt sind, rechnet Hegel die Ballade zur Lyrik. Käte Hamburger kommt gerade zum entgegengesetzten Schluß, wobei sie aber die Ballade wie den Ich-Roman unter die zwischen Lyrik und Epik stehenden Sonderformen rechnet: »Die Grenze, die die lyrische von der nicht-lyrischen Aussage trennt, ist nicht durch die äußere Form des Gedichtes gesetzt, sondern durch das Verhalten der Aussage zum Objektpol« (S. 232). Im Gegensatz zur Lyrik, wo das Objekt (d. h. Ereignisse, Schilderungen usw.) in die Erlebnissphäre des Subjekts hineingezogen und verwandelt würde, werde in der Ballade fiktional erzählt. Das bedeutet, »daß wir den Inhalt des Balladengedichts nicht mehr als Aussage eines lyrischen Ichs, sondern als fiktive Existenz fiktiver Subjekte auffassen. Wo eine Erzählfunktion am Werke ist, stehen wir nicht mehr vor einem lyrischen Phänomen« (S. 243). Diesen Unterschied arbeitet sie heraus an zwei Texten Eichendorffs, »Der stille Grund« und »Waldesgespräch«. Dichtungstheoretisch und sprachlogisch (nicht historisch) leitet Hamburger die Ballade aus zwei Wurzeln her, dem Bildgedicht und dem Rollenmonolog. Dem Bildgedicht »eignet noch die schauend-deskriptive Haltung des lyrischen Ichs«. An dem Porträtgedicht Rilkes »Damenbildnis aus den achtziger Jahren« weist sie nach, wie die Figur aus der Bildhaftigkeit gelöst und unmerklich in eine Romansituation gebracht wird, die durch eine Art von erlebter Redetechnik intensiviert wird: »Die Gestalt beginnt aus sich selbst zu leben, ihr fiktives Ich das lyrische Ich des Gedichtes zu verdrängen, dieses nicht mehr auszusagen, sondern sich leise in eine fiktionale Erzählfunktion zu verwandeln, die hier vom Bericht in die erlebte Rede-Form hinüberfluktuiert« (S. 236). Eine andere Entstehungsquelle ist der Rollenmonolog. Historisch gesehen sei es das Rollengedicht, das den »Keim zur Bildung einer Balladen-Form auf dem Wege über das Bildgedicht« bildet (S. 238). Dargestellte Personen auf Bildern stellten sich durch das Rollengedicht in Ich-Form selbst dar. Das fingierte lyrische Ich im Rollengedicht müsse unterschieden werden von Gedichten, in denen das lyrische Ich nicht ein fingiertes ist. In der Ballade kämen Rollenmonologe vor, die von einem Erzählbericht eingerahmt sind. Auch Balladen, in denen ausschließlich Ich-Figuren sprechen wie in Fontanes »Cromwells letzte Nacht« erlebten wir als »ebenso fiktive Figuren wie die Er-Figuren der meisten Balladen«, ebenso wie die rein dialogischen Balladen wie »Edward« oder Brentanos »Großmutter Schlangenköchin«.

Maria Wagner sieht die Ballade näher bei der Lyrik: Der Sinngehalt der Aussage sei auf ein Dichter-Ich, nicht auf ein fiktionales Ich bezogen, so daß es sich nicht so sehr um eine fiktionale Aussage handle, sondern um Ich-Aussage. Die Handlung, die Erzählung sei nicht das Grundelement, sondern »die Handlung veranschaulicht nur jene Gegenwart, an der sich das lyrische Ich findet«. Für Steffen Steffensen ist die Ballade mehr bei der Epik zu sehen:

»Wie die Volksballade ist die Kunstballade eine besondere Form der epischen (fiktionalen) Dichtung. Sie ist eine volkstümliche epische Kunstform, die zugleich ein lyrisches Element enthält. Die enge Verbindung von epischem und lyrischem Element hat die Kunstballade von der Volksballade übernommen. Das lyrische Element ist in der Kunstballade dem epischen untergeordnet, oder es liegt ein Gleichgewicht der beiden Elemente vor. Tritt aber das epische Element so stark zugunsten des lyrischen zurück, daß dieses durchaus vorherrscht, handelt es sich nicht mehr um eine Ballade im strengen Sinn; es liegt dann ein lyrisches Gedicht mit episierenden oder balladenhaften Zügen vor« (S. 127).

Bis heute scheint es jedoch so zu sein, daß sich die Forschung endgültig dafür entschieden hat, die Ballade ohne jede Einschränkung der Epik zuzuordnen. *Laufhüttes* große Monographie „Die deutsche Kunstballade" (schon allein quantitativ die umfangreichste Publikation zur Ballade seit *Kayser*) kommt zu diesem Ergebnis. Laufhütte entwickelt nach umfangreichen Analysen zu Balladen, die zum »unbestrittenen Bestand« von Balladen gerechnet wurden, folgende Modellformel:

»Die Ballade ist eine episch-fiktionale Gattung. Sie ist immer in Versen, meist gereimt und strophisch, manchmal mit Benutzung refrainartiger Bestandteile und oft mit großer metrisch-rhythmischer Artistik gestaltet. Sie kennt alle Arten epischer Fiktionsbildung. Von anderen episch-fiktionalen Gattungen unterscheidet sie ihre spezifische teleologische Vorgangsstrukturierung, deren Indirektheit sowohl in der Relativierung der gestalteten Themen als auch in der fehlenden Explikation der Darstellungsziele besteht. Auswirkungen der balladenspezifischen Indirektheit sind eine gewisse Bandbreite von Möglichkeiten der Vorgangsstrukturierung, die von einem Situationstyp bis zu einem Konzentrationstyp reicht, denen beiden Begrenztheit und scharfe Konturierung der gestalteten Vorgänge eigen sind, ferner das Angebot exemplarischer oder sinnbildlicher Deutungsschemata, die der Leser auf der Grundlage eigener Erfahrungen zu konkretisieren hat. Dies zu tun wird er durch ebenfalls gattungsspezifische Verwendung einer Kombination suggestiv-unmittelbarer und distanzierender, zu rationalen Zugängen stimulierender Darbietungsweisen genötigt, in deren Dienst auch alle formalen Bestandteile der Ballade stehen. Die Gegenstände können ernsthaft und humoristisch oder ironisch behandelt werden, vordergründig wirksame Behandlungsart und Darstellungsanliegen müssen aber keineswegs kongruent sein. Spezifisch balladische Themen gibt es nicht. Die Geschichte der Ballade wird eine Beschreibung der historischen Konkretisierungen der als Variablen ausgewiesenen Bestandteile ihres Gattungsmodells sein."

Wiewohl in der Methode vielfach angegriffen (*Berger*, Stundenblätter Balladen 121 nennt sie »tautologisch«) ist ihm in der Sache eigentlich nicht mehr widersprochen worden, und er selbst hat sie 1991 trotz der von ihm selbst behaupteten Revisionsbedürftigkeit unverändert in seine Balladenauswahl übernommen.

Literatur:

Alexis, W.: Über Balladenpoesie. In: Hermes oder Kritisches Jahrbuch der Literatur. 1824. Erstes Stück (Nr. 21 der gesamten Reihe). S. 1–114

Binneberg. K.: Elemente des Balladesken. In: Menzel, W./Binneberg, K.: Modelle für den Literaturunterricht. Entwurf einer Elementarlehre Lyrik. Braunschweig: Westermann 1970, S. 27–38

Chevalier, L.: Zur Poetik d. B. Programm Prag 1891

Darrenberg, D.: Die B. als Kleindrama. 1911

Goethe, W. v.: Noten und Abhandlungen zum Westöstl. Divan. Hambg. Ausg. Bd. II, 187 ff

Ders.: Über Kunst und Altertum. Goethes Werke. Sophien-Ausg. 1902. Bd. 41, I. Abt. (223/24)

Haase, H.: Im Zentrum: das Balladeske. In: Weimarer Beiträge X (1964)

Hamburger, K.: Die Logik der Dichtung. ²1968

Hegel, G. W. F.: Ästhetik III

Heselhaus, C.: A. v. Droste-Hülshoff. Werk u. Leben. 1971

Kayser, W.: Stilprobleme d. B. In: ZfdB VIII, 1932

Köpf, G.: S. 30–57

Lang, P.: S. 62–65

Laufhütte, H.: Die deutsche Kunstballade. Gattungsbegriff und Gattungsgeschichte. In: Textsorten u. literarische Gattungen. Dokumentation des Germanistentags in Hamburg 1979. Berlin 1983, S. 335–347

Lockemann, W.: Lyrik Epik Dramatik od. d. totgesagte Trinität. Meisenheim 1973. Vgl. d. Kap. »D. B. im Gefüge der Gattungen«

Müller, J.: Romanze u. B. Die Frage ihrer Strukturen, an 2 Gedichten H. Heines dargelegt. In: GRM 40 (1959), S. 140–156

Rodger, G.: Goethes »Ur-Ei« in theory and practice. In: The Modern Language Review LIX. London 1964

Schmid, E.: Über die Gebärde in Ballade, Novelle u. Drama. In: Wirkendes Wort 1960, H. 4

Scholz, W. v.: B. u. Drama. In: Gedanken zum Drama. 1905

Spitteler, C.: Über die B. In: Ges. Werke. Bd. 7. Zürich 1947

Träger, Chr.: Die B. als Modellfall genretheoret. Erörterung b. Goethe. In: Goethe Jb. 94. 1977

Vischer, F. Th.: Ästhetik. 4 Bde. Hg. v. R. Vischer. ²1923

Wagner, M.: Die Kunstb. und die Logik der Dichtung. In: GRM N. F. 22 (1972)

Zgorelski, C.: Le dynamisme de la b. comme genre litt. In: Poetics (1961)

9

3. Inhaltliche Strukturen der Ballade

In neueren Definitionsversuchen zur Ballade fehlen inhaltliche Aspekte fast ganz: »Im übrigen halte ich dafür, daß die Ballade nur durch strukturelle Merkmale bestimmt werden kann« (*W. Falk*, S. 672). Dahinter steckt die Erkenntnis, daß inhaltliche Definitionen der Vielfalt der inhaltlichen Möglichkeiten, die die Ballade hat, nicht gerecht werden. Oder solche Definitionen werden so abstrakt, weitläufig und allgemein, daß sie am Ende nichts mehr aussagen. Diesen Mangel zeigt z. B. auch die frühe Definition von Eschenburg. Die rein formale Kennzeichnung der Ballade als erzählende Versdichtung geringen Umfangs sieht Ivo Braack als zu äußerlich an, sie grenze auch nicht gegen bestimmte gnomische und parabolische Ausprägungen ab (S. 123). Definitionen aber, die sich um eine inhaltliche Bestimmung der Ballade bemühen, laufen Gefahr, sich eingestanden oder uneingestanden an einem bestimmten Balladentyp zu orientieren. Goethes Bemerkung, die Ballade habe etwas Mysteriöses, ohne mystisch zu sein, hat hier richtungsweisend gewirkt. In der Definition von Braack heißt es denn auch:

> »Näher an das eigentliche Wesen der Ballade führt die Beobachtung, daß hier ein epischer Vorgang nicht um seiner selbst willen erzählt wird, sondern um einer ursprünglich und auch späterhin vorwiegend düstern Grundstimmung willen, [. . .] in der der Mensch das ›ganz Andere‹ in Schauer und Grauen erlebt oder im Konfliktfeld ethisch-diesseitiger Menschlichkeit steht oder im Alltäglichen, ohne theatralischen Aufwand, tiefere Einsichten erfährt« (ebda).

Auch für Rudolf Lehmann ist in der Ballade eine »einheitliche Grundstimmung zumeist düsterer, oft tragischer Färbung« enthalten, die aus der Darstellung der Gegensätze zwischen »innerer und äußerer Natur« resultiert, die in der Ballade »einander schroff gegenübergestellt werden« (S. 185). Es ist deutlich, daß für Goethe oder auch Lehmann bei diesen Definitionen die sogenannte naturmagische Ballade, die totenmagische Ballade oder die sogenannte Schauerballade Pate gestanden haben, Balladenarten, die gerade zu Bürgers oder Goethes Zeit im damaligen Bewußtsein im Vordergrund standen, weil sie den bewunderten und nachgeahmten »nordischen« Vorbildern der schottischen Volksballaden am ähnlichsten waren. Für Goethes eigene Produktionen, wie z. B. der »Erlkönig« oder »Der Fischer«, sind solche Bestimmungen auch durchaus zutreffend. Aber auf so populäre Gedichte, die zu Recht auch damals schon als Balladen galten, wie Bürgers »Lied vom braven Mann« oder Goethes »Johanna Sebus«, passen diese Definitionen nicht.

Trotzdem stand der Balladentypus der naturmagischen Ballade bis heute im Vordergrund, wenn es galt, das Wesen der Ballade zu ergründen. Auch Rolf Schneider sieht diese Balladenart in seiner »Poetik der Ballade« als die eigentliche Ballade, als gleichwertig sieht er höchstens noch die sogenannte Schicksalsballade. Andere, wie z. B. Robert Ulshöfer, beziehen auch die Heldenballade mit ein: »Das Kennzeichen der Ballade ist das Bedrohtsein des Menschen durch eine unheimliche, unfaßbare Macht, die in den Bereich des sinnlich erfahrbaren Lebens hereinragt, den Menschen aus seiner Sicherheit aufschreckt, bedroht und entweder vernichtet oder mit dem Schrekken wieder entläßt«. Diese Definition ist noch deutlich an Kaysers Balladendefinition orientiert: »Die Ballade gestaltet als Gedicht eine Begegnung mit dem Draußen in der Art, daß die Begegnung in sich abgeschlossen ist, die aufeinanderprallenden Kräfte aber als dauernd gefühlt werden, so daß das Ganze die sinnbildliche Verdichtung menschlichen In-der-Welt-Seins ist« (S. 198). Ähnlich sieht Schneider die Ballade:

> »Das für die Ballade geforderte Geschehen kann freilich von verschiedenem Charakter sein. Der Mensch wird immer im Mittelpunkt stehen. Auch wo die wesentlichen Ereignisse sich im Bereich der Natur oder des Natur-Dämonischen begeben, sind sie auf ihn bezogen. Die Auseinandersetzung zwischen dem Menschen und der Welt, stelle sich diese nun als Natur, als Geschick oder Feind gegenüber, ist der eigentliche Stoff der Ballade« (S. 181).

Die Betonung des Irrationalen als Wesensmerkmal der Ballade hängt sicher mit der Entstehungszeit der neuen Kunstballade zusammen. Sie fällt, wie noch zu zeigen sein wird, nicht zufällig in die Zeit der Entdeckung des Irrationalismus, und Irrationales wird denn auch vorzugsweise nach den Mustern der auch wieder als irrational verstandenen Volksliteratur gestaltet. In der Forschung hat das dann zeitweise dazu geführt, daß man die Ballade wegen ihres irrationalen Charakters als »nordische« oder als »deutsche« Dichtart auffaßte (*W. Kayser*), indem man Beispiele, die nicht in dieses Schema paßten, unterschlug oder sie als Balladen zweiter Ordnung sehen wollte. So wurde sogar die »Ideenballade« Schillers von manchen als zweitrangige Ballade gewertet. Neuere Definitionen stellen neben die beschriebenen Möglichkeiten auch solche Balladen, in denen der Mensch »im Alltäglichen, ohne theatralischen Aufwand, tiefere Einsichten erfährt«. Hier sei dann eine ausgesprochene Nähe zur didaktischen Dichtung gegeben (*I. Braack* S. 123). Eine solche Definition würde auf bestimmte Gedichte von Chamisso oder Heine zutreffen. Im 20. Jh. wird dieser Typ so vorrangig, daß man ihn unter dem

Begriff »Erzählgedicht« der »traditionellen Ballade« gegenübergestellt hat.

Literatur:

Braak, I.: Poetik in Stichworten. ³1969
Falk, W.: Die Anfänge d. dt. Kunstballade. In: DVj 44. 1970. S. 670–686
Freitag, Chr.: Ballade, S. 118–123
Hassenstein, F.: Ballade, S. 30–36
Laufhütte, H.: Ballade, S. 380–282
Lehmann, R.: Dt. Poetik. 1908
Schneider, R.: S. 88–99
Ulshöfer, R.: Methodik d. DU (2. Mittelstufe 1) ⁹1972

4. Ballade und Erzählgedicht

Den Begriff Erzählgedicht hat Heinz Piontek in die wissenschaftliche Diskussion eingeführt, als er 1964 die Sammlung »Neue deutsche Erzählgedichte« herausgab. Der Begriff Erzählgedicht ist dem
englischen »narrative poem« nachgebildet. Piontek will mit diesem
neuen Begriff dem Umstand gerecht werden, daß es in der modernen
Lyrik Gedichte gibt, die wie Balladen etwas erzählen, die sich aber
trotzdem deutlich in ihren inhaltlichen und formalen Strukturen von
den herrschenden Typen der Ballade des 18. und 19. Jh.s unterscheiden.

Mit seiner Sammlung wollte er zugleich den Gegenbeweis antreten, daß
die Ballade als Gattung tot sei. Diese These hatte zuerst Käte Hamburger vertreten (in der ersten Auflage von »Die Logik der Dichtung«). In der Tat sieht
er das Erzählgedicht als Nachfolgerin der Ballade des 18. und 19. Jh.s, als sogenannte moderne Ballade. (Der Terminus »Moderne Ballade«, den F. Pratz
mit seiner Sammlung »Moderne Balladen« 1967 eingeführt hat, setzte sich
durch.) Im Untertitel des Buches von Karl Riha »Moritat, Song, Bänkelsang«
heißt es »Zur Geschichte der modernen Ballade«; doch verwenden sowohl
Braak wie Baumgärtner den Begriff Erzählgedicht.

Wo indessen das Erzählgedicht oder die neue Ballade ihre Wurzeln haben, ob, wie Karl Riha es darstellt, in der Wiederentdeckung
und Adaption des Bänkelsangs und seiner Anwendung in der Balladenparodie eines Holz oder Wedekind, oder, wie Piontek selbst es
sieht, in den Erzählgedichten aus der Welt des Alten Testaments von
Rilke, den »Hebräischen Balladen« Else Lasker-Schülers, den Gedichten Georg Heyms, die die französische Revolution behandeln,
das ist bis heute umstritten. Einigkeit herrscht dagegen darüber, daß
bestimmte Gedichte Brechts wie die »Legende von der Entstehung

des Buches Taoteking auf dem Weg des Laotse in die Emigration« oder »Kinderkreuzzug« u. a. Muster sind, an denen sich das Wesentliche und Typische moderner Erzählgedichte gegenüber den klassischen Mustern der Ballade abgrenzen lassen. Dafür gilt für Piontek besonders »die Sachlichkeit und Genauigkeit der Berichterstattung, die Hinwendung zum Alltäglichen, die Tendenz, möglichst ohne das große Ah und Oh der Beschwörung auszukommen, das Aussparen des Dramatischen, der negative Held, die Verwerfung der Chronologie« (H. Piontek, S. 10). Als Folge des Bruches mit der lyrischen Konvention steht das Erzählgedicht der Epik näher als der Lyrik: »Der Name Ballade läßt kaum Rückschlüsse auf die Struktureigenschaften des Gegenstands zu, das Substantivkompositum Erzählgedicht ist selbst schon die knappgefaßte Strukturformel für den gemeinten Dichtungstyp« (ebda S. 12). Neben den inhaltlichen Implikationen bedeutet das auch allgemein, daß jetzt dem Erzählgedicht ein »schier unersättliches Aufnehmen und Verarbeiten verschiedener – nicht bloß lyrischer Praktiken« möglich war (ebda. S. 12). Den bisher ausführlichsten Versuch einer Gegenüberstellung von Ballade und Erzählgedicht hat Heinz Graefe im Rahmen seiner Arbeit über »Das deutsche Erzählgedicht im 20. Jahrhundert« unternommen. Er gibt hier eine Typologie verschiedener Grundtypen des Erzählgedichts anhand der Sammlung von Piontek.

An dieser Gegenüberstellung der strukturellen Merkmale von Ballade und Erzählgedicht hat Hartmut Laufhütte kritisiert, daß sich Graefe in der Darstellung der Ballade einseitig an Beispielen orientiert hat, die vorher auch als richtungsweisend für die inhaltliche Definition der Ballade herausgestellt wurden: an dem Typ der numinosen Ballade und dem der Schicksalsballade. Er sei deshalb »kaum über den Stand der Reflexion dieses Gegenstands hinausgelangt, den Kaysers »Geschichte der deutschen Ballade« markierte.«

Die unterschiedlichen Merkmale, die Graefe erarbeitet hat, ähneln auffällig denen, die Brecht als Unterscheidungskriterien für sein episches Theater gegenüber dem aristotelischen Theater gegeben hat. (Das ist kein Zufall, denn Brecht schuf parallel zu seinem epischen Theater auch epische Lyrik. Wie Graefe verwendet Alfred C. Baumgärtner die Begriffe »geschlossene Form« (für die Ballade) und »offene Form« (für das Erzählgedicht).

Im Gegensatz zur Ballade, die einen geschlossenen Vorgang berichtet und die auch oft mit dem Abschluß eine für den Leser abschließende Wertung mitgibt (Heine »Belsazar«, Droste »Die Vergeltung«, Bürger »Lenore«), hat das Erzählgedicht keine in sich abgeschlossene Fabel.

Am Beispiel von Marie Luise Kaschnitz' »Hiroschima« zeigt Graefe »das grundsätzliche Problem der Infragestellung der Möglichkeit des Erzählens überhaupt«, da es »zum völligen Abbau der Fabel überhaupt führen [kann] [...] Wir müssen jedoch unter den Erzählgedichten des 20. Jahrhunderts mit einer Skala von Strukturtypen rechnen, die von Varianten mit begrenzt entfalteter Fabel über Varianten mit geraffter Fabel bis zu Varianten ohne Fabel reicht, zu Texten, in denen, was die Handlung anbetrifft, nichts mehr erzählt wird. Das Nicht-Vorhandensein einer Fabel jedenfalls ist kein zuverlässiger Anhaltspunkt, um ein nicht-erzählendes Gedicht sicher gegen ein Erzählgedicht abzusetzen« (S. 12/13).

Wenn aber ein Erzählgedicht so etwas wie einen geschlossenen Vorgang erzählt, so seien chronologische, d. h. episch ruhig fortschreitende Erzählmittel bevorzugt. Walter Hinck hat deshalb von der besonderen Affinität Brechts zur Legendenballade gesprochen (*Hinck* S. 120). Das Erzählgedicht entschlägt sich also aller Mittel, die die traditionelle Ballade braucht, um anschauliche Vergegenwärtigung des Erzählstoffes zu erreichen, d. h. sie szenisch zu gestalten. Der Balladendichter will die bewegte und bewegende Handlung. Mit ›bewegend‹ ist die dem Leser zugedachte Rolle gemeint. In der traditionellen Ballade »legt sich [der Erzähler] ganz in den Gegenstand, als ob derselbe, zwar als ein vergangener erzählt, zeitlich wie räumlich gegenwärtig wäre; die Zeichnung wird dem Ton untergeordnet, der ganze Hauch und Wurf wird subjektiv, bewegt, der Gang übersteigt rasch die retardierenden Elemente und eilt zum Schlusse« (Friedrich Theodor Vischer; zit. nach *Graefe* S. 133).

Sie ist daraufhin angelegt, daß der Leser emotionell berührt in das Geschehen so hereingezogen wird, daß er seine Distanzhaltung überwindet. Ein Mittel dazu ist die der Ballade eigentümliche Wiederholung, wodurch Eindringlichkeit, Beschwörung des Zuhörers erreicht wird. Zusätzlich wird durch das Pathos der überhöhten Rede die affektive Zustimmung des Hörers erzwungen (Graefe). Anders das Erzählgedicht: Die Ballade bestätigt die Gefühle des Hörers, das Erzählgedicht fordert ihn auf, seine Gefühle unter der Kontrolle des Verstands der kritischen Reflexion zu unterziehen.

Literatur:

Graefe, H.: Das dt. Erzählgedicht im 20. Jh. 1972
Laufhütte, H.: Neues zum »Erzählgedicht«. In: ZfdPh 92 (1973) S. 553–559
Müller, H.: Formen d. neuen dt. Erzählgedichts. In: DU 21 (1969) S. 96–107
Piontek, H.: Neue dt. Erzählgedichte. 1964
Ders.: Beispielhafte Erzählgedichte. In: H. P.: Das Handwerk des Lesens. Erfahrungen mit Büchern und Autoren. Frankfurt a.M. [u.a.] 1982. S. 104–124 (Zuerst 1965)
Pratz, F.: Moderne B. 1967

Schmid, E. E.: Über die Gebärde in B., Novelle u. Drama. In: Wirkendes Wort 10 (1960) S. 238–249

5. Formale Strukturen der Ballade

Die strukturellen Merkmale der Ballade zu beschreiben, heißt ihren Bestandteilen nachzugehen, die der Lyrik eignen, der Epik und Dramatik. Methodisch folgt man damit der Bestimmung Goethes, der, wie schon gezeigt, in der Ballade ein Zusammenwirken der drei Gattungen sah. So gehen auch Rolf Schneider und Steffen Steffensen vor: Für Steffensen zeigt sich das epische Element vor allem in der Anwesenheit eines Erzählers (vgl. dagegen *Laufhütte*: Ballade). Wenn der Dichter in Ichform von eigenen Erlebnissen berichtet, kann ein solches Gedicht nicht als Ballade bezeichnet werden (wie z. B. Goethes »Gefunden« oder »Willkommen und Abschied«). Typisch ist für die Ballade, wenn der Erzähler am Ende des Berichts auftaucht. Wenn aber Brentano in einigen seiner Balladen mit einer persönlichen Strophe schließt (z. B. in »Ballade«), dann ist auch das für die Ballade untypisch. Im Gegensatz zu anderen epischen Gattungen ist aber das epische Element in der Ballade sehr verkürzt, daher die Affinität zum Drama. Weil die erzählte Handlung meist einsträngig ist, ergibt sich von hier eine Verwandtschaft zur Novelle *(L. Bianchi).* Die Handlung kann auch nicht wie im Epos ruhig diskursiv fortschreiten, sondern muß sich um wenige Situationen herumgruppieren. Oft findet man die gestalteten Ereignisse nicht fortlaufend in gleicher Dichte des Berichtens, sondern nur wenige Höhepunkte der Handlung, die »Gipfel« dargestellt *(Schneider).* Von den drei Hauptwirkungsmitteln der Epik, dem Bericht, der Beschreibung und der Szene, tritt die Beschreibung ganz in den Hintergrund, der Bericht ist auf das Notwendigste begrenzt. Der Dichter geht entweder medias in res oder gibt eine kurzgefaßte Exposition. Die Szene dagegen spielt die wichtigste Rolle in der Ballade, von hierher die Beziehung zur Dramatik *(Steffensen).* Das einerseits formal Ausschnitthafte, andererseits inhaltlich Abgeschlossene der Handlung verbindet die klassische Ballade mit der klassischen Dramenstruktur; mehr als dem Epos ist der Ballade das Spannungshafte – die finalistische Struktur – eigen, was zum mindesten am Ende einer Ballade das Erzählte als sinnvoll organisierte, von Anfang an geplante Erzähleinheit erscheinen läßt. Die Erzählung wird in der Ballade oft durch den Dialog vergegenwärtigt. Er nimmt in fast allen Balladen die beherrschende Stellung ein, in der Volksballade ebenso wie in der Kunstballade. Als klassi-

15

sches Beispiel gilt die altschottische Ballade »Edward«, wenn auch hier das Mittel des Dialogs ins letzte Extrem getrieben ist, d. h. der Erzählvorgang ist ausschließlich auf den Dialog gestellt (vgl. dagegen: Laufhüttes Analyse des »Edward VI«). Es gibt hier keinerlei Beschreibung, auch keinerlei erzählerische Exposition. Im analytischen Verfahren wird die Erzählung so gestaltet, daß der Leser erst am Schluß erfährt, daß der Sohn den Vater erschlagen hat. Die ganze Handlung wird nur von ihrem letzten Höhepunkt her gesehen, die eigentliche Handlung liegt schon zurück. Neben dieser »analytischen« gibt es in der Ballade auch die »synthetische« Technik, z. B. in Bürgers »Lenore«, in der nach einer kurzen Exposition Lenores Schicksal in chronologischer Reihenfolge in einem sich steigernden Tempo, im Wechsel von Bericht und Szene vollzieht. Die analytische Form ist geeignet, der Ballade die notwendige Konzentration zu geben. C. F. Meyers »Der gleitende Purpur« und Goethes »Die Braut von Korinth« haben ein stark analytisches Moment.

Das lyrische Element in der Ballade sieht Steffensen in all den Momenten, die »im besonderen Grade ihre Stimmung hervorrufen und unterstreichen, etwa den klanglichen und rhythmischen Wirkungsmitteln, lyrischen Ausrufen, Wiederholungen, Refrains, Naturstimmungen, der Verwendung von stimmungstragenden Symbolen und dergleichen« (S. 132). Mehr als in den epischen Gattungen wird hier durch die Wortwahl Stimmung erzeugt: »O schaurig ist's übers Moor zu gehn« (Droste: »Der Knabe im Moor«). Die Stimmung wird oft auch geradezu beschworen durch Ausrufe: »O schau / am Sarge die glänzende Frau...« (Mörike »Die Geister am Mummelsee«).

Stimmungshaft und auf das musikalisch-visionäre Element hin angelegt sind viele Balladen der Romantiker, die denn auch an der Grenze der Gattung stehen. An Liliencrons »Wer weiß wo?« zeigt Steffensen, daß die in dieser Ballade berichteten Begebenheiten nicht nur erzählt worden seien um ihrer selbst und der Perspektiven willen, die sie eröffnen, sondern daß sie zugleich die Funktion der lyrischen Ausdruckssymbole hätten: »Es liegt hier einer der vielen Fälle vor, in denen das lyrische Element die Ballade in ein lyrisches Gedicht zu verwandeln droht« (S. 133).

Literatur

Bianchi, L.: Von der Droste bis zu Liliencron. Beiträge zur dt. Novelle und B. 1922
Kayser, W.: Stilprobleme d. B. ZfdB. 8 (1932) S. 469–480
Schneider: S. 54–85

Steffensen, St.: Die Kunstballade als episch-lyrische Kurzform. In: Probleme des Erzählens in der Weltliteratur. FS f. Käte Hamburger, Hrg. F. Martini. Stuttgart Klett 1971

6. Strophe und Vers in der Ballade

Die Ballade hat keine feste strophische Form oder metrische Form zur Voraussetzung, wie das bestimmte Arten der Lyrik haben, die sich von der Form her definieren wie das Sonett, die Ode, die Elegie. Grundsätzlich stehen ihr fast alle metrischen und strophischen Möglichkeiten offen. Die Gliederung der Ballade in gleiche Strophen ist die Regel. Balladen wie Agnes Miegels »Die Mär vom Ritter Manuel« und die »Schöne Agnete«, die nur in Abschnitte eingeteilt sind, bilden die Ausnahme.

Die einzige Strophenform, die man ausschließlich der Ballade hat zusprechen wollen, ist die sogenannte »*Chevy-Chase-Strophe*« (»Jagd auf den Cheviotbergen«). Der Name der Strophe stammt aus dem Englischen. Addison hat sie zur Bezeichnung der in der schottischen Volksballade häufigsten Strophenform geprägt, und Balladendichter des 18., 19. und 20. Jh.s haben sie vielfach verwandt, um damit »echter« Balladendichtung nahezukommen. Die Form der Strophe ist bei Gero v. Wilpert folgendermaßen beschrieben:

»Sie besteht aus 2 mal 2 vierhebigen Versen, von denen der 2. und 4. infolge rhythmischer Pause als dreihebig erscheinen und einen starken Sinneinschnitt bewirken. Durch stumpfen Ausgang aller Verse entsteht ein knapper, spannender und kraftvoller Eindruck; die Senkungen sind überwiegend einsilbig, doch ermöglicht freie Senkungsfüllung starke Beweglichkeit und Anpassung der metrischen Form:

›Das Wasser rauscht, das Wasser schwoll,
Ein Fischer saß daran . . .‹ (Goethe: ›Der Fischer‹)
›König Wilhelm hat einen schweren Traum
Vom Lager sprang er auf‹ (Uhland: ›Die Jagd von Winchester‹).

Die Chevy-Chase-Strophe ist indessen nur eine spezielle Form der sogenannten Volkliedstrophe, die wohl auch in der ältesten volkstümlichen deutschen Dichtung die häufigste Form ist: Auch sie ist gekennzeichnet durch den Wechsel von längeren (4-hebigen) und kürzeren (3-hebigen) Versen, der der Volksdichtung allgemein ist. Diese läßt sich wohl auf die »Nibelungenstrophe« zurückführen, wie sie sich ähnlich auch im sogenannten Hildebrandston wiederfindet und von hier in die sogenannte Volkballade Eingang gefunden hat; das läßt sich an dem jüngeren Hildebrandlied zeigen: »Ich will zu Land ausreiten, sprach sich Meister Hildebrand / Der mir die

17

Weg tät weisen gen Bern wohl in die Land.« (Die Reimwörter »reiten« und »weisen« sind jeweils als beschwerte Hebungen mit zwei Hebungen zu lesen.) Aus solchen Vorbildern hat sich die vierzeilige Volksliedstrophe gebildet. Ihr Reimschema ist der kreuzweise Reim, meist wechseln stumpfe und klingende Ausgänge. Ihr Vorzug ist die Freiheit der Senkungen. Ihre Verwandtschaft zu den alten Formen zeigt sich darin, daß auch in den neueren Beispielen der erste und dritte Vers als vierhebiger Vers gelesen werden können:

»Es war ein König in Thule
Gar treu bis an das Grab [...] (Goethe: »Der König in Thule«).

Wegen ihrer großen Freiheiten in der metrischen Ausgestaltung blieb die Volksliedstrophe bis ins 19. Jh. beliebt, vor allem bei den Romantikern und Heine, und zwar sowohl in ihren lyrischen Gedichten wie in ihren Balladen

»Nach Frankreich zogen zwei Grenadier',
Die waren in Rußland gefangen« (Heine: »Die Grenadiere«)

»Von den altdeutschen Formen, die über vier Kurzverse hinausgehen, hat keine zweite diese Verbreitung erlangt in Zeit und Raum. Vor allem ist sie weit hinausgeschritten über die Grenzen der poetischen Gattungen: von der Minnelyrik zum Heldenepos, zum weltlichen und kirchlichen Liede und zu der literarischen Ballade« (Andreas Heusler, Deutsche Versgeschichte II, § 740).
    Balladen, in denen noch »primitivere« Strophenformen nachgeahmt werden, sind selten. Auch die zweizeilige Strophe mit Assonanz oder mit Reim ist eine bewußte Nachbildung altenglischer Balladen:

»Herr Oluf reitet spät und weit
Zu bieten auf seine Hochzeitsleut« (Herder: »Erlkönigs Tochter«)
»Der Reiter reitet durchs helle Tal,
Auf Schneefeld schimmert der Sonne Strahl« (Schwab: »Der Reiter über den Bodensee«)

Neben diesen bewußt »einfachen Formen« gibt es in der Balladendichtung auch recht komplizierte. Besonders Schiller legte Wert auf Abwechslung: »Niemals erscheint eine Balladenstrophe noch einmal in der gleichen Gestalt: bleibt in einigen seiner Balladen die Zeilenzahl der Strophen gleich, dann werden Reimstellung oder Metrum verändert« (G. *Storz:* Der Vers in der deutschen Dichtung. S. 120). Deshalb findet man bei Schiller auch Balladen mit sehr umfangreichen Strophen und einer komplizierten Reimordnung, »Hero und Leander« und »Der Graf von Habsburg« sind in zehnzeiligen Strophen gedichtet, »Der Kampf mit dem Drachen« in zwölfzeiligen Strophen. Auch bei Goethes Balladen ist ein ähnlicher Formenreichtum zu beobachten. »Der König in Thule« ist in der Volkliedstrophe geschrieben, auch die Ballade »Der Fischer« kann so verstanden werden, daß die achtzeilige Strophe aus zwei Volksliedstrophen zusammengesetzt ist mit dem typischen Wechsel von vierhebigen und dreihebigen Versen. »Der Sänger« besteht aus sechs siebenzeiligen Strophen: Gerade die siebenzeilige Strophe (»Die Braut von Korinth«, »Der untreue Knabe«, »Der Totentanz«) verfügt über eine lange und reiche Tradition von Luthers Chorälen über die Erneuerung der Bänkelsängerballade durch Hölty und Bürger bis zur Kunstballade im 19. Jh (vgl. *G. Storz,* Anm. S. 123). Neben diesem Typus finden sich auch achtzeilige Strophen (»Der Zauberlehrling«: Wechsel zwischen acht- und sechszeiligen Strophen), neunzeiligen (»Hochzeitslied«) und elfzeiligen (»Der Gott und die Bajadere«).

So ist die Ballade nicht auf einen Formtyp hin festzulegen. Auch am Balladenwerk der Droste oder Fontanes ließe sich die Vielgestaltigkeit belegen. Die vierzeilige Volksliedstrophe scheint allerdings in den Balladen der Romantiker und auch Heines vorzuherrschen.

Literatur:

Habermann, P.: Ballade I (metrisch) RL I
Kayser, W.: Kleine dt. Versschule. ⁴1954
Moser-Dietz, R.: Metrik, Sprachbehandlung u. Strophenbau. In: Handbuch des Volkslieds. Hg. R. W. Brednich, 1973 S. 113−171
Otto, P./Glier, I.: Dt. Metrik. ⁴1961
Rosenhagen, G.: Die Strophe in d. klass. B. (Progr. Hamburg) 1903
Schlawe, F.: Neudeutsche Metrik. 1972. [mit Bibliographie]
Ders.: Die deutschen Strophenformen. Systematisch-chronologisches Register zur deutschen Lyrik 1650−1950. 1972
Wilpert, G. v.: Sachwörterbuch d. Literatur. ⁵1969

II. Die Arten der Ballade

1. Fragen der Balladentypologie

»Weit wichtiger als die Definition der Ballade, welche, beiläufig, niemand gelingt, ist die Unterscheidung ihrer Unterabteilungen« (*Lang* S. 56). Diese Forderung des Dichters Spitteler ist zum Prinzip der Darstellung in der »Geschichte der deutschen Ballade« von Wolfgang Kayser geworden. Kayser beruft sich dabei auf Croce und Gundolf, für die Gattungen sowieso nur ein willkürliches, unverbindliches Ordnungsschema seien. Den Versuch, aus einem fest umrissenen Gattungsbegriff genaue Merkmale für die einzelnen Gattungen und Dichtarten zu finden, sehen sie für Dichtung als fremd an. Deshalb geht Kayser in seiner Darstellung auch nicht von einer einheitlichen Definition aus. Vielmehr haben sich im Lauf ihrer Geschichte verschiedene Arten und Unterarten der Ballade herausgebildet, die sich mit der Zeit weiter verzweigten und veränderten: »Die Dichter stellen sich nicht auf die Ballade überhaupt ein, sondern auf eine Unterart, die in Gehalt, Stoff und Stil geprägt war. Für die vielen kleinen Dichter bedarf es weithin keiner besonderen Suche nach wirkenden Kräften, eine ausgebildete Unterart allein reicht« (*Kayser* 296 f). Kayser versucht das in den einzelnen Zeitabschnitten vorhandene Material nach Gruppen zu ordnen, um so zu zeigen, welche Typen in einem bestimmten Zeitraum dominant waren. Vom Gesichtspunkt der Systematik her ist Kaysers Darstellung kritisiert worden, da sie – wie Rolf Schneider sagt – nicht von einem »grundlegenden Prinzip« (gerade das wollte Kayser ja auch nicht) ausging, sondern »einmal nach dem Milieu (Ritterballade), einmal nach der Herkunft (deutsche oder spanische Ballade) einmal nach dem Thema (Geisterballade) und so fort eingeteilt wird« (S. 11).

Versuche, ein System zu finden, in dem alle möglichen Balladenarten enthalten sind, hat es schon sehr früh gegeben. Zwei Intentionen sind festzustellen, einmal der Versuch, das umfangreiche Material durch eine weitverzweigte Systematik bis ins letzte zu umfassen; zum anderen die Absicht, einige wenige Kategorien zu finden, unter die sich das gesamte Material irgendwie einordnen läßt. Die erste Methode hat den Nachteil, daß es ihr zufolge so viele Balladenarten gibt wie Balladen, weil die einzelne Ballade oft an mehreren dieser Typen »Anteil« hat, sie sich also mehrerer dieser Balladenarten zuordnen läßt. Die zweite Methode bleibt deshalb mehr oder weniger unbefriedigend, weil es immer wieder genügend Balladenbeispiele gibt, die sich in die jeweilige Systematik nicht einordnen lassen. Einige Typen haben sich mittlerweile so fest als Konventionen eingebürgert, daß sie auch übereinstimmend in Handbüchern und Lexika erscheinen. Als Beispiel sei Kurt Bräutigam genannt: Er unterscheidet »die numinose (magische, naturmagische, totenmagische, psychologische, geisterhafte) und historische (heldische, heroische, soziale, ideenhafte) Ballade« (zit. n. *Köpf* S. 38). Diese Kategorien tauchen in anderen Systematiken mit z. T. anderen Zuordnungen in Kombination zu anderen Begriffen immer wieder auf. Paul Lang unterscheidet zwei Hauptuntergattungen der Ballade, die »geheimnisvolle Ballade« und die »heldische Ballade«. Bei der geheimnisvollen Ballade nennt er noch neun Arten 1. Legendenballade, 2. Hybrisballade, 3. Vergeltungsballade, 4. Totenballade, 5. Schicksalsballade, 6. Mythische Ballade, 7. Magische Ballade, 8. Spukballade, 9. Okkulte Ballade. Bei der heldischen Ballade unterscheidet er 1. »Die Ballade des aktiven äußeren Heldentums«, 2. »Die Ballade des inneren Heldentums«. Auch Paul Kämpchen unterscheidet in seiner Typologie zwei Hauptarten der Ballade. Die heldische Ballade (darunter versteht er auch die Ideenballade) und die numinose Ballade. Die numinose Ballade gliedert er noch in die naturmagische, die totenmagische und die Schicksalsballade. Schließlich will er hierunter auch die psychologische Problemballade fassen. Schneider hat demgegenüber seine Systematik wieder erweitert, er unterscheidet numinose, historische und komische sowie Schicksals-, Ideen- und Legendenballaden. Dabei sind die Kategorien komische Ballade und Legendenballade echte Erweiterungen, obwohl nicht einzusehen ist, warum er diese Begriffe – beides Begriffe mehr der Gestaltung – in die sonst nach Inhalten gegliederte Systematik eingeführt hat.

Der Begriff »Legendenballade« spielt auch in Hincks »Die deutsche Ballade von Bürger bis Brecht. Kritik und Versuch einer Neuorientierung« eine entscheidende Rolle; denn in ihr sieht er die eigentliche Gegenballade zur »nordischen« Ballade, zu dem Balladentypus also, in dem man den ursprünglichen Balladentypus hat erkennen wollen. In der nordischen Ballade bleiben »in einer vorwiegend dunklen oder nächtlichen, von dämonischen Mächten belauerten Welt Relikte germanischen Heidentums gegenwärtig, die durch alle Überformungen hindurchschlagen. Und es überwiegen auffahrend-unbesonnene, herrisch-unversöhnliche Haltungen zum Schicksal, zur Welt, zum menschlichen Gegenüber (vgl. etwa die »Lenore«, den »Wilden Jäger«) oder aggressiv-kämperische Haltungen, die auf die heroisch-tragische Sphäre der alten Heldendichtung zurückweisen« (S. 11). Mit dem Begriff nordische Ballade faßt Hinck zusammen, was man sonst als magische Ballade und Heldenballade getrennt hatte. Auch Hans Benzmann hatte 1925 schon zwei Hauptarten der Ballade unterschieden, erstens einen naturhaft-mystischen dunklen Typus und zweitens einen heldenhaften, rein heroischen hellen, plastischen Typus (*P. Kämpchen* S. 14f). In der »Legendenballade« sieht Hinck den eigentlichen Gegentypus zur nordischen Ballade:

»Für die menschliche Figur der legendenhaften Ballade kennzeichnend ist eine gelassene, im Erdulden standhafte, opferwillige oder kontemplative, weise Haltung zur Welt und zum Schicksal, Demut gegenüber dem Göttlichen oder die innere Kraft der Selbstüberwindung, im zwischenmenschlichen Bereich die Haltung liebender Hingabe und Hilfsbereitschaft oder märtyrerhaften Leidens. Der Mensch-Natur-Antagonismus spielt hier so gut wie keine Rolle. Was in der nordischen Ballade als Kampf, ereignet sich in der legendenhaften Ballade als Passion. Während dort der Geist der Unbedingtheit und Unversöhnlichkeit das Geschehen zum Verhängnis treibt, bleibt hier die Dichtung für den Erbarmensappell und das Gnadenmotiv offen« (S. 16f).

In dieser Gegenüberstellung der nordischen Ballade und der Legendenballade macht Hinck manches von dem fruchtbar, was E. Th. Vischer in seiner Gegenüberstellung von »nordischer Ballade« und »südlicher Romanze« unterschieden hatte; vor allem kann Hinck jetzt zeigen, daß es schon seit Bürger neben den damals im Vordergrund stehenden Geisterballaden eine ganz andersartige Ballade gegeben hat, die auch in ihren Strukturen nicht dem entspricht, was man für die Ballade als typisch angesehen hatte. Für Hinck ist das erste bedeutende Beispiel dieses Typs Goethes »Der Gott und die Bajadere«, gerade im Gegensatz zur nordischen »Die Braut von Korinth«. Von hier gelingt es Hinck auch, Brecht überzeugender in die Balladentradition einzuordnen, als das sonst geschehen ist. Brechts Balladen wurden meist einseitig im Zusammenhang mit der wiederaufgenommenen Bänkelsangstradition (Wedekind und Tucholsky) gesehen. Hinck will diese beiden Balladenarten als »Idealtypen« verstanden wissen. Die Aufgliederung der Gattung nach »Unterarten«, wie sie Kayser und andere unternommen hätten, bleibe davon unbetroffen (S. 10). Tatsächlich verfährt er dann aber doch so, daß er die gesamte Geschichte der Kunstballade nachzeichnen will, was naturgemäß zu Spannungen führen muß, weil bei diesem Vorhaben zu vieles unbeachtet bleibt.

Es wird wohl nicht gelingen, eine geschlossene, allumfassende Systematik der Balladenarten zu finden, schon allein deshalb nicht, weil sich viele Balladen unter verschiedenen Gesichtspunkten interpretieren lassen und deshalb auch unter mehrere »Balladenarten« eingeordnet werden können. Auch Laufhütte kommt zu dem Schluß, daß die Inhalte der Ballade kein Kriterium für die Definition der Ballade ergeben können, die Ballade kann »jeden Vorgang gestalten« (382). Die Balladenarten sind deshalb als Kategorien keines-

wegs sinnlos. Schon die Arbeit Kaysers zeigte eben mit Hilfe seiner
z. T. neuen Kategorien eine Fülle neuer Aspekte, und der Verlauf der
Forschungsgeschichte hat gezeigt, daß mit Hilfe neuer Kategorien,
wie z. B. »die numinose Ballade« (Kämpchen) oder die »visionäre
Ballade« (Mayer-Sillenbuch) oder durch die Gegenüberstellung von
»Nordischer Ballade« und »Legendenballade« (Hinck), das große
Material der Balladen und Erzählgedichte jeweils neu gesichtet werden konnte und neue Bezüge und neue Wertungen gefunden wurden.

Auch eine vollständige Systematik wird sich nicht finden lassen,
da alle Vorgänge, sind sie nur »zeitlich und inhaltlich« begrenzt,
Inhalte für Balladen sein können (Laufhütte 381).

Von den neueren Versuchen, Balladen einzuteilen (vgl. Hassenstein S. 30−50) ist wirklich neuartig nur die Systematik von Freund
(vgl. auch das Kapitel »Didaktik der Ballade«), die von inhaltlichen
zu Kriterien der Balladenvermittlung kommt. Freund unterscheidet
unterschiedliche Funktionstypen der Ballade, wie den »kompensatorischen Funktionstyp«, den »didaktischen Funktionstyp«, den
»defaitistischen Funktionstyp« und den »appellativen Funktionstyp«. Unter dem »kompensatorischen Funktionstyp« versteht er
beispielsweise Balladen, die »fiktive Ersatzbildungen« liefern
(S. 115) in der Absicht, aktuelles geschichtliches Handeln zu erset-
zen (hierzu rechnet er beispielsweise Bürgers »Wilden Jäger«).

Im folgenden sollen einige »Balladenarten« herausgegriffen und
einige Entwicklungslinien aufgezeigt werden. Es handelt sich dabei
keineswegs um neue Kategorien oder den Ansatz zu einer neuen
Systematik, sondern es können hier nur einige der gängigsten Kategorien beschrieben werden.

Literatur:

Benzmann, H. (Hrsg).: Die deutsche Ballade. 1925
Freund, W.: Deutsche Balladen. Reclam 1982. S. 108−138
Hassenstein, F.: Ballade, S. 30−36
Hinck. W.: S. 5−18
Kämpchen, P.: Von den Typen d. dt. B. In: DU 8 (1956) S. 5−13
Lang, P.: S. 65−70
Laufhütte, H.: Ballade, S. 382
Mayer-Sillenbuch, G.: Die visionäre Ballade. 1948

2. Die numinose Ballade

Der Begriff »numinos« ist von Baethge und Kämpchen in die Literaturwissenschaft eingeführt worden. Er ist im Rahmen der Religionswissenschaft von Rudolph Otto »Das Heilige – über das Irrationale in der Idee des Göttlichen und sein Verhältnis zum Rationalen« (1917) entwickelt worden:

> »Die Religionswissenschaft, die das Erleben des Göttlichen zu bestimmen sucht, nennt das, was in jedem religiösen Erlebnis vorhanden ist ›numinos‹. Der erlebnistypischen Qualität des Numinosen entspringt ein Doppelcharakter. Er ist abschreckend, furchterregend und zugleich anziehend und sinnverwirrend. Mit dem Abschreckenden ist das Geheimnisvolle im Wesen des Numinosen eng verbunden. Es entsteht vor allem dadurch, daß das Göttliche mit den Formen unseres Denkens nicht zu fassen ist; es ist etwas, das aus der Welt des Vertrauten herausfällt, etwas ›ganz Anderes‹«. (*Kämpchen*, S. 8)

Dieses »ganz Andere« ist in der Ballade gestaltet als Begegnung des Menschen mit übermenschlichen Wesen und Mächten, die in sein Schicksal eingreifen. In der sogenannten naturmagischen Ballade leben in der Natur Kräfte, die vom Menschen unerforschlich sind, die ihrerseits den Menschen bedrohen oder die ihm helfen können. Eine andere Art der Begegnung mit dem »ganz Anderen« ist die Begegnung mit den Toten: Das sogenannte Wiedergängermotiv ist in der volkstümlichen Überlieferung ein sehr häufiges Motiv, und dementsprechend in der Ballade sehr oft gestaltet in den Geister- und Gespensterballaden. Drittens kann zur numinosen Ballade auch die »Schicksalsballade« gezählt werden, weil es auch hier letzten Endes um das für den Menschen unverstehbare Wirken außermenschlicher Kräfte, hier unpersönlich und abstrakt gesehen als Fatum, geht.

a) Die naturmagische Ballade

In der naturmagischen Ballade werden die Naturgewalten personifiziert zu übermenschlichen Lebewesen. Die naturmagische Ballade gestaltet – vor allem in der Volksballade – eine vorrationale Weltsicht. Der willkürliche und unkontrollierbare Einbruch dieser Gewalten findet Ausdruck in vielen Arten der Volksliteratur. Die in verschiedenen Fassungen weitverbreitete deutsche Volksballade vom Wassermann (*Erk-Böhme* I, S. 1, *Meier* Nr. 88) wurde von Agnes Miegel in der Ballade »Schöne Agnete« neugestaltet. Wie in vielen anderen ähnlichen Stoffen (z. B. in der »Rheinbraut« [*Meier* Nr. 87]) geht es in solchen Balladen um die Erlösung aus schuldhafter Verstrickung. In der Volksballade »Schöne Hannele« hat die Heldin den Verlockungen des Wassermanns nachgegeben. In einigen Fassungen wird sie geraubt, in anderen gefreit, bei Agnes Miegel ist Agnete selbst die Aktive: »denn ich hab ja den schlammschwarzen Wassermann gefreit.« (Die verschiedenen Fassungen der Volksüberlieferung haben dann auch ganz unterschiedliche Ausgänge.) Sieben Jahre lebt die Heldin bei dem Wassermann, sieben Kinder hat sie ihm geboren, im siebten Jahr wünscht sie in ihre menschliche Existenz und zum christlichen Glauben zurückzukehren. In dieser Überlieferung büßt »Die schöne Dorothee«, indem sie freiwillig den Tod wählt, anstatt mit dem Wassermann in sein Reich zurückzukehren. Agnes Miegel hat den Ausgang als Wunsch gestaltet, Agnete wird in ihrer Bitte um Einlaß in die Kirche erhört.

In der von Herder übersetzten dänischen Ballade »Erlkönigs Tochter« muß Herr Oluf gerade den Widerstand, den er den Lokkungen der Elfentochter entgegengesetzt hat, mit dem Leben bezahlen. Es gibt in den Volksballaden meistens kein christliches Schuld-Sühne-Schema, sondern diese Balladen spiegeln ein vorchristliches Bewußtsein, die Geister der Natur werden als moralisch wertfreie Wesenheiten gesehen. In der neueren Kunstballade hat zuerst Goethe eine magische Weltsicht gestaltet in »Der Fischer« (1778) und im »Erlkönig« (1782). In »Der Fischer« ist die Natur als »fascinosum«, als das Anziehende gestaltet, im »Erlkönig« die Natur als »tremendum«, als bedrohend und existenzvernichtend (Kämpchen). In beiden Gedichten ist die Tendenz da, die Begegnung mit der Natur exemplarisch darzustellen. Es sind nicht mehr Menschen mit Namen wie in der Volksballade, sondern ein Fischer oder ein Vater mit seinem Kind. Es ist oft gezeigt worden, wie Goethe mit diesen beiden Balladen im Ausgang des 18. Jh.s eine neue irrationale Weltsicht dargestellt hat. Der Naturbegriff hat sich mit der Aufklärung grundsätzlich gewandelt, zu Recht wurden die beiden Balladen mit dem von Goethe angeregten »Fragment über die Natur« von Tobler in Übereinstimmung gebracht. Da heißt es:

»Wir sind von ihr umgeben und umschlungen – unvermögend, aus ihr herauszutreten, und unvermögend, tiefer in sie hineinzukommen. Ungebeten und ungewarnt nimmt sie uns in den Kreislauf ihres Tanzes und treibt sich mit uns fort [...] die Menschen sind all in ihr und sie in allen [...] auch das Unnatürlichste ist Natur. Wer sie nicht allenthalben sieht, sieht sie nirgendwo recht.«

Die Götter und Dämonen der Volksballade werden jetzt in der Kunstballade bewußt symbolisch empfunden, die Kunstballade wertete sie »nach ihrer sinnhaften, Seelisches ausdrückenden Bedeutung allein, nicht nur als Daseinsträger, sondern als Träger höheren Seins, vielfältiger Zusammenhänge« (*Albert Schaeffer:* Dichtung und Dichtung. Kritische Versuche, Leipzig 1923, S. 144). Für Gundolf ist gerade dieser Balladentypus Offenbarung von Weltgeschehen, nicht Darstellung menschlicher Begebenheiten. »Im Epos und im Drama wird die Welt um des Menschen willen gestaltet, in der Ballade ist alles Menschliche nur ein Hierogramm für kosmische Vorgänge, für Natur oder Schicksalsmächte« (*Gundolf*, Goethe. Berlin 1922; vgl. das Kap. Die großen Balladen S. 504–513). Für Schaeffer dagegen spiegeln die naturmagischen Stoffe der Ballade Zustände der Angst und Abhängigkeit des Menschen. Wenn der Mensch der Neuzeit auch nicht mehr an die Eu- und Kakophonie einer beseelten Natur glaube und er einige besondere Zustände der Angst und Gewaltabhängigkeit verloren habe, so sei doch »die Angst und die Abhängigkeit, die Unsicherheit und Verworrenheit selber« geblieben (*A. Schaeffer*, S. 144). Dieses Erlebnis von Angst und Abhängigkeit und die Tradition der Volksballade gestaltet die Ballade unserer Zeit. Für die romantische Ballade, die eine auffallende Affinität zu naturmagischen Stoffen zeigt, ist wahrscheinlich Gundolfs Auffassung durchaus zutreffend. Die naturmagische Ballade der Romantiker ist gespeist von den Überzeugungen der romantischen Naturphilosophie eines Schelling, Carus und Schubert, und vor allem des Novalis, wonach an die Stelle einer dualistischen oder mechanistischen Naturauffassung eine Überzeugung von der Einheit von Mensch und Natur getreten ist, und es kommt darauf an, den geheimen Sinn, die »Chiffernschrift« der Natur zu erkennen.

»Seelisches Sicheinfühlen in die Natur, in die geheimnisvolle innere Beziehung aller ihrer Erscheinungen, ja ein Sicheinsfühlen mit ihr, ein Erleben ihrer Grundkräfte als Kräfte der eigenen Seele, ein Teilhaben an ihren Schöpfungs- und Zeugungskräften, befähigt nach Novalis die Künstler und die Liebenden zu tieferen Naturerkennen als die sezierenden Forscher« (*Paul Kluckhohn:* Das Ideengut d. dt. Romantik Tübingen. [5]1966 S. 28).

Um das auszudrücken, hat sich die romantische Dichtung eigene Mythen geschaffen. Im romantischen Märchen ist das Bergwerk oft zum Bild für die Geheimnisse der Natur gewählt (Tieck: Runenberg, E. T. A. Hoffmann: Die Bergwerke von Falun). In Eichendorffs »Der Schatzgräber« ist der Wahrheitsuchende als vermessener Frevler dargestellt. Die Verführung durch Naturgewalten ist von den Romantikern vielfältig variiert worden, und der Mythos des Venusbergs hat in dem frei erfundenen romantischen Mythos der Lorelei ein Äquivalent gefunden. Die naturmagische Komponente tritt allerdings nicht so sehr in Brentanos »Lore Lay« und in Heines »Ich weiß nicht, was soll es bedeuten«, sondern in Eichendorffs »Waldgespräch« besonders hervor, der die Hexe Lorelei bezeichnenderweise im Wald auftreten läßt. Der Wald als Stätte der Naturmagie lebt auch in anderen Balladen Eichendorffs fort (»Der Kühne«, »Der Stille Grund«, »Zauberblick«, »Die Zauberin im Walde«). Das fascinosum in der Begegnung mit Naturgewalten überwiegt ganz auffällig in der romantischen Ballade, daher resultiert auch die hingebungsvolle Passivität der Helden. Als feindliche und schmerzhafte Begegnung ist dagegen die Begegnung mit naturmagischen Kräften in Mörikes »Feuerreiter« und der »Schlimmen Gret« dargestellt.

Die Romantiker schöpften ihre Stoffe vorwiegend aus Märchen und Sage, und es scheint, daß sich mit der Zeit – nach einer großen Produktion solcher Gedichte auch gerade durch die Dichter der Schwäbischen Schule – die Motive und Stoffe, die sich oft wiederholten, allmählich abnutzten. Das sicherste Zeichen für einen solchen Überdruß ist, wenn in den Elfengedichten schon Ironie mit im Spiel ist. In Mörikes »Schiffer und Nixenmärchen« z. B. in »Nixe Binsefuß« und »Zwei Liebchen« oder in Heines »Die Nixen« ist es der Fall, daß mit den Motiven der naturmagischen Ballade artistisch gespielt wird, daß Nixen und Elfen zu Werkzeugen für rokokohafte Genreszenen werden. – Erstaunlicherweise gelang es der Droste, gerade aus realistischer Stilhaltung echte numinose Stimmung zu erzeugen. Schon in der Ballade » Der Geierpfiff« oder in »Der Tod des Erzbischofs Engelbert von Köln« wird die Natur zur mithandelnden Person, und in »Der Knabe im Moor« erlebt das Kind die Begegnung mit der Natur als existenzielle Bedrohung. Diese Ballade ist oft mit Goethes Erlkönig verglichen worden, und zwar mit sehr unterschiedlichen, wechselhaften Ergebnissen. Sicher ist es so, daß die Droste in all ihren Balladen, in denen magische Kräfte gestaltet werden, den Akzent auf das erlebende Subjekt verschiebt (so vor allem in »Der Schloßelf«). Doch bleibt der Objektivitätsanspruch der numinosen Ereignisse durchaus erhalten; denn das Eigenleben der Natur ist mit neuer, großer Suggestivität gestaltet. Neu ist bei der Droste, daß sie dem Magischen der unheimlichen Natur keine vernichtende Gewalt mehr einräumt: »Und die Überwindung der Balladenkonvention ist auch Ausdruck einer religiösen Überzeugung, wonach der chaotischen Natur keine endgültige Macht über den Menschen zukommt« (*Hinck* S. 78). Die Droste gestaltet ihre naturmagischen Balladen an dem Erleben der Landschaft. Es ist die Landschaft Westfalens, und Landschaft heißt hier zugleich die in ihr lebende Bevölkerung, ihre Geschichte, ihre Sagen und ihr Brauchtum. Es ist ihr Anliegen, »daß die in heidnischen Vorstellungen wurzelnde Bil-

derwelt der naturmagischen Ballade durch Bilder christlich-religiö-
sen Gehalts verdrängt und aufgehoben wird« (Hinck S. 79).

Wenn in der zweiten Hälfte des 19. Jh.s die naturmagische Ballade
›abstirbt‹, so ist das sicher auf die Veränderungen der »geistesgeschichtlichen Voraussetzungen« zurückzuführen (Degener S. 38).
Die naturmagische Ballade hatte eine irrationale Weltanschauung
zur Voraussetzung, und die Zeit stand unter dem Zeichen des sich
auch auf die Literatur niederschlagenden Positivismus. Ganz ausgestorben ist die naturmagische Ballade keineswegs, den Positivismus
relativierende Anschauungen und nichtrealistische Blickrichtungen
hat es immer weiter gegeben. Gerade die Relativität des technischen
Fortschritts im Angesicht der elementaren Naturgewalten hat Fontane in »Die Brücke am Tay« (1879) gestaltet. Den Stoff für diese
Ballade bildeten die Berichte über den Brückeneinsturz und das
Zugunglück vom 29. 12. 1879 in Schottland. Der Brückenbau über
den Fieth of Tay (1877) hatte als Wunder der Technik gegolten. Ihr
Einsturz durch einen Orkan löste deshalb bei den Zeitgenossen eine
große Erschütterung aus. In der Ballade ist der Kampf der Naturgewalten gegen die Technik dargestellt. Für Fontane waren die Requisiten der naturmagischen Ballade nur noch im Zitat möglich: Die
Windhexen aus Shakespeares Macbeth (I, 1) treten hier auf als
Feinde der menschlichen Technik. Für die Technik spricht Johnie,
der Zugführer: »Ein fester Kessel, ein doppelter Dampf, / die bleiben Sieger in solchem Kampf. / Und wie's auch rast und ringt und
rennt, / wir kriegen es unter, das Element.« Die Naturelemente bleiben Sieger, sie resümieren: »Tand, Tand / ist das Gebilde von Men-
schenhand«.

Fontanes Bemühung, die moderne Welt mit in den Gedanken-
kreis der magischen Ballade einzubeziehen, bleibt zunächst ohne
Nachfolge. Die Versuche des Göttinger Kreises um Münchhausen,
die Ballade aus traditionellem Geist zu erneuern, erweisen sich auch
darin als traditionell, daß in naturmagischen Balladen wieder Mär-
chenmotive gestaltet werden, so in Agnes Miegels »Die Braut«,
»Schöne Agnete«, »Das Märchen von der schönen Meta«. Es ist aber
festzustellen, daß auch im Kreise der Göttinger Erneuerer die naturmagischen Balladen einen immer kleineren Prozentsatz ausma-
chen. Degener beobachtet nach dem 1. Weltkrieg ein leichtes An-
steigen in der Produktion magischer Balladen (S. 38). In den Gedichten des frühen Brecht spielt die Natur eine dämonische Rolle.
Als naturmagische Balladen können das »Leid der Eisenbahntruppe
von Fort Donald« und die »Ballade von des Cortez Leuten« angesprochen werden. Hier machen sich »Naturerfahrungen geltend,

wie sie die Literatur der Nachklassik, die Dichtung der Jahrhundertmitte, die Prosa Büchners oder Adalbert Stifters entdeckt haben. Es ist die Natur als kühler, ja kalter Widerpart des Menschen, sein Grund und Abgrund zugleich« (*Riha* S. 102). Freilich ist die Natur bei Brecht nicht durch Geister etc. personifiziert, doch ihre vitale Kraft wird so dämonisiert, daß sie ein magisches Eigenleben gewinnt. Im »Lied der Eisenbahntruppe von Fort Donald« erliegen die Helden – eine Arbeitergruppe, die quer durch die amerikanischen Wälder Schienen verlegt – dem Kampf gegen die Naturgewalten: Sie ertrinken in Regengüssen. Die Natur aber ehrt sie für ihren Pioniergeist: »Bis die Wasser weiterwachten für sie und ihr Leid / sang weiter am Morgen der Wind.« Die Menschen erscheinen als schwache, leidende Kreaturen; »Brecht zeigt am Sterben jener Männer, die gleichsam als Pioniere der Zivilisation aufgebrochen sind, um die Natur zu unterwerfen, daß die Elemente stärker sind und den Menschen wieder zu angstvollen Kreaturen zurückverwandeln« (*Degener* S. 117). Die vitale mitleidlose Kraft der Natur tritt noch deutlicher in der »Ballade von des Cortez Leuten« hervor, auch hier ist der historische Hintergrund unwichtig, weil es wieder um die exemplarische Gegenüberstellung von Mensch und Natur geht. Cortez Leute werden vom Walde »aufgefressen«, und »diese Gefräßigkeit ruft jene Atmosphäre der Unheimlichkeit zurück, die wir von der naturmagischen Ballade kennen. [...] Die Natur erscheint in überdimensionaler Natürlichkeit, wodurch ihr jene bedrohliche Mächtigkeit erhalten bleibt, die es erlaubt, das Gedicht von der Tradition der naturmagischen Ballade her zu beurteilen« (Hinck S. 124 f). – Von den expressionistischen Lyrikern wird die Stadt als vitale, eigengesetzliche Macht entdeckt. Die Darstellung der Stadt durch Heym – etwa in »Der Gott der Stadt« oder »Die Dämonen der Städte – hat Züge, die aus der naturmagischen Ballade her bekannt sind. Der noch bei Fontane sichtbare Gegensatz von Naturgewalt und Technik ist aufgegeben, die Technik, die Großstadt als Inbegriff der Zivilisation wird dämonisiert und bekommt damit die Rolle einer Naturgewalt. In dem Gedicht »Der Gott der Stadt« ist die bedrohende Gefahr durch den Gott Baal personifiziert, und in visionären Bildern, die an Mörikes »Feuerreiter« erinnern, ist die zermalmende Macht der modernen Großstadt dargestellt.

b) Die totenmagische Ballade

Den Begriff »Totenmagie« hat Hermann Pongs in die Literaturwissenschaft eingeführt (Das Bild in der Dichtung I Marburg 1927, S. 320). Totenmagie bedeutet im Unterschied zur Naturmagie »eine gefühlte Beziehung zwischen Lebenden und Toten«, und in der totenmagischen Ballade tritt »das Prinzip des Toten als Träger numinoser Kräfte auf« (*Kämpchen*, I, S. 78).

In der Volkssage und der Volksballade ist das Motiv des »Wiedergängers« außerordentlich häufig. Der Tote findet keine Ruhe entweder als Strafe für sein eigenes ungebüßtes Verbrechen im Diesseits, oder er selbst tritt als Rächer auch für ein Verbrechen, das ihm angetan wurde; oder er kehrt wieder, weil eine Person im Diesseits, zu der in enger Beziehung stand, durch ihr Verhalten ihm keine Ruhe gönnt. In der Volksballade »Der Vorwirt« (*Meier* Nr. 89) ist eine ganze Reihe von typischen Wiedergängermotiven gestaltet: Der Liebhaber seiner Frau hat den Vorwirt ermordet. Sie hat aber offenbar einen schlechten Tausch gemacht, sie weint so viel um den ersten Mann, daß sein Sterbehemd im Grab ganz naß wird und verfault. Als der zweite Mann über das Grab reitet, läßt der Geist des ersten Mannes ihm auftragen, die Frau möge ihm ein neues Hemd bringen. Als sie es ihm bringt, bittet sie ihn, sie mit ins Grab zu nehmen. Der Ausgang ist nicht ganz gewiß. Obwohl er sie ermahnt, ihre Kinder weiter zu erziehen, steigt sie wohl hinunter in sein Grab: »Die erste Treue ist die beste.«

Bürgers »Leonore« steht am Anfang der deutschen Kunstballade. Bürger wurde der Stoff aus der Erzählung eines schlichten »Hausmädchens« zugetragen. Das Motiv des toten Bräutigams war in der Volksballade weit verbreitet (*Meier* Nr. 93 »Der tote Freier«). Die literarische Fixierung in der Ballade »Sweet William's Ghost« hat ihn weiter beeinflußt. Die Wiederaufnahme all solcher Stoffe kam dem »Schauderbedürfnis« des ausgehenden 18. Jh.s entgegen, die wilden Geschichten der Volkssage treten an die Seite der »Friedhofsgedanken« der Empfindsamkeit. Beides hat die deutsche Literatur aus England übernommen. Lenore versündigt sich durch die Maßlosigkeit ihrer Trauer über den Verlust Wilhelms, der nicht aus dem Siebenjährigen Krieg heimkehrte. Die Gotteslästerung Lenores bildet die Exposition für die Wiederkehr Wilhelms, der sein Liebchen ins Brautbett holen will. Der Gespensterritt Lenores mit Wilhelm zum Friedhof ist der eigentliche Inhalt der Ballade: »Bürger entwickelt in der räumlichen Ausstattung einen pomphaften Gespensterapparat, altes Requisit des marktschreierischen Bänkelsangs und der ironisierenden Romanze. Diese Pomphaftigkeit in der Darstellung gruselerregender Umstände und Dinge ist in der gesamten Dichtung totenmagischer Balladen unerreicht« (*Kämpchen* II, S. 79).

Bei den Romantikern ist der »Totenritt« ganz ins lyrisch-stimmungshafte transponiert. Bei Brentano ist aus dem Totenritt die Fahrt »Auf dem Rhein« geworden. Hier sind die Rollen vertauscht.

Auf der nächtlichen Fahrt erscheint die tote Geliebte und bleibt bis zum Morgen. »Ein Schwälblein strich vorüber / und netzte seine Brust; / woher, wohin gefolgen, / das hat kein Mensch gewußt.« Anstatt des Grauens, das Bürger mit dem Ritt Lenores und Wilhelms erzeugen will, ist hier das magisch Faszinierende der Fahrt gestaltet: »Da fliegen große Städte / an ihrem Kahn vorbei, / und in den Städten klingen / wohl Glocken mancherlei.« Auch in Eichendorffs »Hochzeitsnacht« ist aus dem Totenritt die Fahrt auf dem Rhein geworden. Hier ist es wieder der tote Geliebte, der die untreue Braut holt. In einem von der Volksballade ganz abgelösten, mythologischen Hintergrund hat Goethe in der »Braut von Korinth« mit dem Wiedergängermotiv den Zusammenprall der alten heidnischen Götterwelt mit dem Christentum gestaltet. Hier erscheint dem Jüngling, der seine ihm längst versprochene Braut freien will, die Braut als Geist. Sie war von der inzwischen christlich gewordenen Familie als »Menschenopfer unerhört« dem Himmel geweiht worden und war im Kloster gestorben. Jetzt fordert sie ihr Recht: »Dieser Jüngling war mir erst versprochen, als noch Venus' heitrer Tempel stand.« Mit dem Wiedergängermotiv ist hier das Vampirmotiv verbunden (*Hinck* 20 f). Beide Motive dienen aber dazu, einen ideellen Gehalt auszudrücken, eine »religions- und weltgeschichtliche Wende«. Die Liebesnacht symbolisiert die kurze Wiederkehr der heidnischen Götter. – Nicht mehr als unmittelbare, ungebrochene Wahrheit, sondern nur noch als besonderes Erlebnis eines einzelnen Betrachters ist Totenmagie als Vision in Mörikes »Die Geister am Mummelsee« dargestellt. Totenmagie und Naturmagie gehen hier unmittelbar ineinander. Der Bezug der Geistervision zum miterlebenden Betrachter wird hergestellt, indem dieser mit seinem Schauder in die Handlung mit einbezogen wird: »Es orgelt im Rohr und es klirret im Schilf; / nur hurtig, die Flucht nur genommen! / Davon! / Sie wittern, sie haschen mich schon!«

In seiner Ballade »Die traurige Krönung« dagegen ist das Wiedergängermotiv als Sagenballade gestaltet. Das gemordete Königskind rächt sich an seinem Mörder, dem König Milesint. Es gibt hier keine vermittelnde Zuschauerfigur, dessen Grauen sich dem Hörer mitteilt.

Das Motiv des Wiedergängers und die Totenmagie haben in den Balladen der Droste wohl ihre hintergründigste, tiefste Behandlung gefunden. Bei ihr verschmelzen die Motive der Naturmagie und der Totenmagie im Bild der durch Geschichte und Sage gesättigten Landschaft. So erschrecken in der Ballade »Der Knabe im Moor« die im Moor umgekommenen unerlösten Geister das Kind. Die Tendenz, die Geistererscheinungen aus dem Blickwinkel einer Person zu sehen, nimmt den Geschichten ihren gleichsam objektiven Gehalt und bringt sie ins bewußte Zwielicht von subjektivem Erlebnis und Realität. Das ist für das 19. Jh. zugleich ein Akt der Modernisierung dieser Balladenart, nämlich die alten Motive zu psychologisieren und dadurch neu zu interpretieren und auszuweiten, indem die alten Motive genutzt werden zu Darstelungen übernaturaler Phänomene und Erfahrungen überhaupt. Zu den über die Realität hinausweisenden Erlebnisse gehören vor allem die Balladen der Droste, in denen sie das Phänomen des zweiten Gesichts gestaltet. In der Ballade »Vorgeschichte« ist dargestellt, wie der Freiherr die Vorankündigung seines eigenen nahen Todes erfährt. Diese Ballade wurde für Schückings »Das malerische und romantische Westfalen« geschrieben: »Wir [Münsterländer] haben unseren Geisterglauben wie jedes andere Volk. Vor den anderen deutschen Stämmen ist, glaub ich, die Vorgeschichte, die Sehergabe der Spökenkieker den Westfalen eigentümlich [...] Unsere blassen nixäugigen sind ganz, was den Farve-Insulanern ihre ›hohlen Menschen‹, deren Geist sich aus dem Leibe entrückt und die Zukunft als Gegenwart sieht . . .« Einen Höhepunkt in der Darstellung übernatürlicher Zustände erreicht die Droste in den Balladen »Das Fräulein von Rodenschild«, und »Der Graue«. »Das Thema beider Geschichten ist die Existenz eines in die Wirklichkeit des Diesseits geheimnisvoll einwirkenden Jenseitigen und die Machtlosigkeit seiner Negierung durch eine sich absolut setzende Vernunft.« (Ronald *Schneider*, A. v. Droste-Hülshoff, S. 64).

Im späteren 19. Jh. tritt die totenmagische Ballade zurück ebenso wie die naturmagische, ohne daß die Tradition ganz abgerissen wären. Diese Tradition hat bewußt der Kreis um Münchausen gepflegt, mit einer Reihe von totenmagischen Balladen wie »Lady Gwen«, »Die Rose«, »Die Müllersbraut« der Agnes Miegel. In »Der tote Besuch«, »Die tote Mutter«, »Der Nobiskrug« von Münchausen wird das Wiedergängermotiv auf die für das 19. Jh. typische Weise behandelt. Dagegen hat er in »Der Todspieler« die grellen Mittel der Schauerballade und des Bänkelsangs bewußt wieder aufgenommen.

Schon früh hat es Versuche gegeben, die Geisterballade zu ironisieren. Goethes »Totentanz« gehört hierher (Goethe hat hier das ganze Instrumentarium Bürgerscher Totenritte genutzt), ebenso Mörikes mehr gemüthafte »Des Schloßküpers Geister zu Tübingen«. Auch die Ballade »Der Graue« der Droste kann so verstanden werden.

Auffallend häufig wird das Wiedergängermotiv nach dem 1. Weltkrieg verwendet in Gedichten, die für den Pazifismus werben wollen (*Degener* S. 11), in Tucholskys »Rote Melodie« und im »Gebet nach dem Schlachten«, in Kästners »Stimme aus dem Massengrab« und »Verdun viele Jahre später«, in Klabunds »Die Kriegsbraut« und schließlich in Brechts »Legende vom toten Soldaten«. In diesen Balladen treten die Toten mahnend vor die Lebenden, in Brechts »Legende« ist die Tradition bewußt parodiert. Aber auch in der modernen Lyrik tauchen totenmagische Motive auf, so die Begegnung mit dem Heer der Toten z. b. in Loerkes »Totenvögel«, in Heyms »Styx oder die Heimat der Toten«, in Huchels »Schattenchaussee«. »Daß die moderne Lyrik durchaus den stimmungshaften totenmagischen Schauder kennt, geht beispielsweise aus Krolows ›Ballade‹ hervor, in welcher die Begegnung mit den Toten als visionäre Schau des Erzählers aus der atmosphärisch verdichteten Mitternachtslandschaft hervorwächst.« (*Degener* S. 155).

c) Die Schicksalsballade

Kämpchen rechnet die »Schicksalsballade« zur »numinosen Ballade«, weil auch der Glaube an ein Schicksal eine religiöse Beziehung voraussetzt. In der Schicksalsballade werden »Handlungen und Sein des Menschen vor einem Dahinterstehenden« gesehen *(Kayser)*. Sie zeigt uns »die Übermacht des unentrinnbar und geheimnisvoll über den Menschen stehenden Schicksals« *(Lang)*. Eine Gruppe der Schicksalsballaden gestaltet das Schicksal als unergründliche Gegebenheit, das sich unseren Begriffen wie Regelhaftigkeit oder Gerechtigkeit entzieht. Eine andere Gruppe sieht das Schicksal mehr als göttliche Vorsehung, die nach oft christlichen Maßstäben die Geschichte des Menschen gut und gerecht lenkt. Zu dieser zweiten Kategorie von Balladen gehören auch die »Hybrisballaden« (hybris, griech. Übermut, Vermessenheit), in denen die Herausforderung einer oberen Macht die entsprechende Bestrafung nach sich zieht, und die »Vergeltungsballaden« oder »Schuld- und Sühneballaden«, in der die Vorsehung als ausgleichende Nemesis (griech. »Rache«) Gerechtigkeit übt.

Ein Muster für die zuerst genannte Kategorie von Schicksalsballaden hat Schiller in »Der Ring des Polykrates« gegeben. Den Stoff hat Schiller aus den Historien des Herodot übernommen. Herodot erzählt, wie der »glückliche« Tyrann Polykrates ums Leben kam, weil die Götter ihm sein Glück geneidet hatten. Es ist hier nicht nur der alte Satz gestaltet, daß man nicht den Tag vor dem Abend loben darf, sondern das Unglück als Folge des Glückes wird gleichsam als eherne Notwendigkeit gesehen: Weder dem Unglück noch dem Glück kann man ausweichen. Zwar bleibt in der Ballade das Ende offen (sie bleibt »in suspenso«), doch setzt Schiller einerseits die Kenntnis vom unglücklichen Ausgang der Geschichte bei Herodot voraus, andererseits bleibt die Ballade wohl gerade deshalb offen, weil sich dadurch die Furcht vor dem ausstehenden Unglück des Gastfreundes, des ägyptischen Königs, auf den Leser überträgt.

Ein weitverbreitetes Motiv der Schicksalsballade ist der unausweichliche Zweikampf von Vater und Sohn, die sich als Angehörige feindlicher Heere gegenüberstehen. Seine bedeutendste Gestaltung hat dieses Motiv im altdeutschen Heldenlied, dem »Hildebrandslied« erfahren; es kommt aber auch in manchen europäischen Volksballaden vor, und das Wirken der Vorsehung und des Zufalls ist wegen der in ihm enthaltenen vielen Sensationen ein beliebtes Thema für den Bänkelsang geblieben. Im »Hildebrandslied« ist die Unvermeidbarkeit des Schicksals in dem Ausruf des Hildebrand ausgedrückt: »Wehe nun, waltender Gott. Weh muß geschehen«.

In diesem Balladentypus zeigt sich die Unerforschlichkeit des Schicksals darin, daß es gerade auch den Unschuldigen trifft. In einem anderen Typus, der Schicksalsballade ist gerade von der bewußten Herausforderung des Schicksals und der Götter die Rede und von der Bestrafung des Frevlers, so in Heines »Belsazar« und in Schillers »Der Taucher«. Diese Balladen werden auch als »Vergeltungsballaden« bezeichnet oder als Schuld- und Sühneballaden. In diesen Balladen tritt das Schicksal selbst als Nemesis auf. In der Ballade »Die Tulipan« von Lulu von Strauss und Torney wird die seltene Blume zum Symbol und zum Werkzeug der Vergeltung, und Chamissos »Die Sonne bringt es an den Tag« ist eine Beispielsballade für dieses Sprichwort. In der Ballade »Die Kraniche des Ibykus« werden die Kraniche als Tatzeugen der Bluttat zu Rachegeistern. In Uhlands Ballade »Die Rache« vollzieht sich in strengem Gleichklang die Strafe für die Untat des Knechts, der seinen »edlen Herrn« erschlagen hat, weil er selbst Ritter sein wollte. Panzer und Roß werden hier gleichsam zu Dingsymbolen für Sünde und Sühne. In »Die Vergeltung« der Droste wird das Wirken einer göttlichen Gerechtigkeit deutlich sichtbar, weil sie besonders die Diskrepanz zwischen der Wirksamkeit der göttlichen Gerechtigkeit zur Wirksamkeit der weltlichen Gerichtsorgane herausarbeitet. Der Balken, der Mast der »Batavia Fünfhundertzehn«, wird zum Symbol der Weltgerechtigkeit. Die Droste gestaltet hier den gleichen Gedanken wie in der Novelle »Die Judenbuche«: Die weltliche Gerechtigkeit ist blind, und nur die überirdische Gerichtsbarkeit kann Gerechtigkeit herstellen. Ähnlich wie bei der Droste ist der Schicksalsglaube in C. F. Meyers »Die Füße im Feuer« dargestellt. Das Schicksal führt auch hier den Verbrecher nicht zufällig an den Ort seines Verbrechens zurück. Es wird nicht die irdische Rache vollzogen, der Schluß bleibt offen: »Mein ist die Rache, redet Gott«.

Die Schicksalsballade, vor allem wo sie das Schicksal als Werkzeug einer höheren Weltordnung gestaltet, setzt eine bestimmte religiöse und weltanschauliche Überzeugung voraus. So kann es nicht verwundern, daß dieser Typus in neuerer Zeit zwar nicht völlig ausgestorben ist, daß er aber nur sehr selten vorkommt.

Literatur:

Baethge, W.: Das Mysteriose u. d. Numinose als ästhet. Gefühlstypen, im bes. Hinbl. auf d. B. ZfÄsth. 24. (1930)
Blume, B.: Die Kahnfahrt. Ein Beitrag zur Motivgeschichte des 18. Jh. In: Euphorion 51, 1957, S. 355–384
Gundolf, F.: Goethe, 1920
Kämpchen, P.: Die numinose B. Versuch einer Typologie d. B. 1930
Leonhardt, E.: Die mysteriose B. in ihren Anfängen. Diss. Münster 1936
Mayer-Sillenbuch, G.: Das Wesen d. visionären B. u. ihre Deutung. 1948
Otto, R.: Das Heilige. Über das Irrationale in der Idee d. Göttlichen u. sein Verhältnis zum Rationalen. [28]1947
Schaeffer, A.: Über d. B. In: A. Schaeffer, Dichter und Dichtung. 1923 S. 126–150
Literatur zu einzelnen Autoren siehe unter III.

3. Die historische Ballade

In den meisten Darstellungen der Balladenarten gibt es die Kategorie »Historische Ballade« nicht. Denn es scheint selbstverständlich, daß historische Stoffe in Balladen die Balladenart nicht eigentlich konstituieren, sondern erst die bestimmte Behandlung formt den historischen Stoff: So ist es offensichtlich, daß die »Heldische Ballade« ihre Stoffe vor allem in der Geschichte sucht, ebenso die »Ideenballade«. Aber auch die numinose Ballade kann sich historischer Situationen bedienen, wie die Beispiele der Balladen »Belsazar« von Heine oder »Der Tod des Erzbischofs Engelbert von Köln« der Droste zeigen. Paul Lang hat deshalb vorgeschlagen, den Begriff »historische Ballade« nur auf solche Balladen anzuwenden, in denen das Historische nicht nur Stimmungswert besitzt (wie z. B. in den beiden Douglas-Balladen, Strachwitz' »Das Herz von Douglas« und Fontanes »Archibald Douglas«), sondern in denen das Historische die eigentliche Substanz des Gedichts sei (*Lang* S. 42). Das Historische in der Ballade kann sehr viele unterschiedliche Funktionen haben. Im folgenden soll das an verschiedenen Typen der Geschichtsballaden gezeigt werden.

Auch die alte Ballade (der Begriff ist hier weit verstanden) kennt historische Stoffe. Benzmann (Die dt. Ballade) nennt hier vor allem das frühchristliche Heldenpreislied wie z. B. das »Ludwigslied«. Im »Hildebrandslied« dagegen sei das Historische mehr Folie und sicher nicht Zweck, wobei man einwenden mag, daß es für den Kreis, für den es verfaßt wurde, sicher auch die Erinnerung an historische Ereignisse wachhalten wollte, aus deren Tradition man sein eigenes Gegenwartsverständnis ableitete.

Neben den eigentlichen Volksballaden sind ab dem 14. Jh. historische Lieder überliefert, die als bewußte Reflexe auf bestimmte historische Ereignisse entstanden sind. (Über den Begriff »Historisches Lied« vgl. III, 2.) Diese Texte sind Lieder deshalb, weil sie gesungen wurden und bei den Singenden die Erinnerung an ein bestimmtes historisches Ereignis wachriefen und damit eine bestimmte Gruppenidentität stifteten, so das frühe »Sempachlied« auf die Schlacht bei Sempach (1386) und das Lied der Landsknechte auf die Schlacht bei Pavia (1525). Volkstümliche Reflexe auf historische Ereignisse gibt es noch bis ins 19. Jh. Die Lieder auf Napoleon etwa und auf Ereignisse der deutschen Revolution von 1848/49 geben davon ein beredtes Zeugnis. Diese Historischen Lieder sind aber nicht mehr als historische Balladen im eigentlichen Sinne anzusehen.

Im Unterschied zu ihnen sind die historischen Kunstballaden des 18. u. 19. Jh.s aus historischer Distanz geschrieben. Es gibt vielerlei Gründe, warum gerade im 19. Jh. die historische Ballade eine so führende Stellung einnahm. Die Ballade hat hier nur teil an einer Entwicklung, die allenthalben in der Literatur zu beobachten ist; das 19. Jh. bringt auch das historische Drama, den historischen Roman, die historische Novelle hervor. Die historische Dichtung wird im 19. Jh. als die eigentlich moderne Dichtung angesehen. Diese Tendenz läuft parallel zur Entdeckung der Geschichte, die einmal durch Herder, dann durch die sogenannte Historische Schule der Geschichtsschreibung im 19. Jh. eingeleitet und vorangetrieben wurde. Die Ballade kann als die volkstümlichste Ausprägung dieser Entwicklung gelten. Mit der Wahl eines historischen Stoffes für die Ballade können freilich die verschiedenartigsten Wirkungsabsichten verknüpft sein.

Schon bald neben die ersten Kunstballaden – die naturmagischen Balladen und Geisterballaden Bürgers und Goethes – tritt die sogenannte Ritterballade der beiden Stolbergs und Fouqués. Das Interesse für das deutsche Mittelalter ist eine Entdeckung, die bis heute noch am besten an Goethes »Götz von Berlichingen« sichtbar wird. Aber auch triviale Literatur hat Anteil an dieser Entwicklung. Das Historische ist oft in der Trivialliteratur nur Drapierung, die die Mode der Schäferkostüme ablöst. Meist liefert die Geschichte nur dramatische und schaurige Motive, so z. B. in Friedrich Leopold

von Stolbergs Ballade mit dem Titel »Romanze«, in der ein tragö-
dienhaft ausgehender Ritterkampf um eine Schöne dargestellt ist. In
Christian von Stolbergs »Wolfenschieß« geht es um die verhöhnte
Ehre und ihre Rache im Rittermilieu. Geschichten wie F. L. v. Stolbergs »Lied eines schwäbischen Ritters an seinen Sohn« beweisen,
daß hier ein aristokratisches Ideal (»deutscher Biedersinn«) in die
Vergangenheit hinein interpretiert wird, daß also die Rückwendung
zur Vergangenheit auch politische Motive haben kann, wie noch an
anderer Stelle zu zeigen sein wird.

Die Ballade der deutschen Klassik ist, soweit sie historische Motive bearbeitet, im Grunde ahistorisch: Mit Hilfe des geschichtlichen
Stoffes, der letzten Endes beliebig sein kann, wird nur ein allgemeiner Gedanke exemplifiziert. Das gilt für den »Ring des Polykrates«,
aber auch z. B. für eine Ballade wie »Archibald Douglas« von Fontane. Im einen Falle geht es um die Unversöhnbarkeit des Schicksals,
im andern um die Überzeugungskraft der Treue. Solche Balladen
kann man als Exempel-Balladen bezeichnen. Sie sind nicht historisch, weil es nicht ihre Aufgabe ist, Geschichte zu vergegenwärti-
gen. Bei der sogenannten Heldenballade verhält es sich ähnlich wie
in der Exempel- oder Ideenballade. Auch hier geht es um die Her-
ausstellung bestimmter Eigenschaften und bestimmter Werte. Das
Historische in ihnen – hier sind allerdings viele Schattierungen möglich – ist nur Folie, nur Schauplatz des Heldentums. Gerade weil die
Heldenballade – von Strachwitz und Fontane über Dahn und Liliencron bis hin zu Münchhausen – eine, wenn nicht die dominierende
Balladenart des 19. Jh.s ist, mußte sie ihre Stoffe in der Geschichte
suchen. Und das Bemühen um die Historie selbst, um Verlebendigung und Detailtreue ist denn auch bei solchen Balladen sehr unterschiedlich. In der Ballade »Archibald Douglas« ist das Historische
an sich sicher zufällig, ebenso auch in Uhlands »Schwäbischer Kunde«. Strachwitz' »Herz des Douglas« oder »Ein Faustschlag« spiegeln zum mindesten die Vorstellung des Autors vom nordischen
Heldenzeitalter wider, was sich in der Bemühung um historischen
Kolorit zeigt.

Anders als in der Ideenballade («der Exempelballade«) oder der
Heldenballade liegen die Dinge schon bei der historischen Anekdo-
tenballade, in der eine ausgestaltete Anekdote durchaus dazu dienen
kann, die Erinnerung an eine bestimmte historische Persönlichkeit
zu bewahren. Fontanes Balladen wie »Der alte Derffling« aus dem
Zyklus »Männer und Helden« (Acht Preußenlieder) gehören hierher
oder die volkstümlich gewordene Ballade »Heinrich der Vogler«
von Johann Nepomuk Vogl (wobei die Pointe des Gedichts darauf
beruht, daß Heinrich I. die Nachricht von seiner Wahl zum deut-

schen König beim Vogelfang erhält und nun Gott für den guten Fang dankt), der »Narr des Grafen von Zimmern« und der »Has von Überlingen« von Keller oder C. F. Meyers »Bettlerballade«. Der historischen Erinnerung dient auch die Ortssagenballade. Oft werden Wiedergängermotive, also Motive aus der Geisterballade mit einem historischen Geschehen verknüpft und an einen bestimmten Ort gebunden. So lassen sich diese Balladen auch der Geisterballade oder der naturmagischen Ballade zuordnen. Fontanes »Maria und Bothwell« ist eine historische Geisterballade. »Der 6. November 1632« (»Schwedische Sage«) verknüpft den Tod Gustav Adolfs in der Schlacht von Lützen mit Zügen der naturmagischen Ballade und der Geisterballade.

Ebenso wird in der Ballade »Der Tod des Erzbischofs Engelbert von Köln« der Droste das Grauen über den Mord mit dem Grauen vor der Natur in Übereinstimmung gebracht. Erinnerungen aus der Ortssage sind gestaltet in Chamissos »Weiber von Weinsberg«, in Kerners »Geiger von Gmünd« und in Wilhelm Müllers »Der Glockenguß zu Breslau«. Als Beispiel für den Typus der komischen Ortssagenballade sei genannt Mörikes »Des Schloß-küpers Geister zu Tübingen«. Heine schließlich hat die ganze Gattung der Ortssagenballaden ironisiert mit der Ballade »Schelm von Bergen«.

Die Entdeckung der Historie war vor allem auch die Entdeckung der eigenen Geschichte im Zeitalter der Nationalbewegungen. Und ganz besonders die Form des Erzählgedichts, die Ballade, wurde zur Gestaltung historischer Gegebenheiten mit aktueller politischer Tendenz bemüht: Das ist wohl ein Hauptgrund für die Beliebtheit dieser Gattung im 19. Jh., das sich damit zugleich einen neuen Geschichtsmythos schuf: Eine Vielzahl von Balladen (gesammelt zuerst in der Sammlung von Ignaz Hub »Deutschlands Balladen- und Romanzendichter« 1849) erzählt vom Hohenstaufenkaiser Barbarossa, der im Kyffhäuserberg die Zeit abwartet, bis er wiederkehren kann, um das alte deutsche Reich wieder zu errichten.

Nicht zufällig stammen Friedrich Rückerts »Barbarossa« und Karl Friedrich Gottlob Wetzels »Der Spielmann« aus dem Jahr 1814, dem Jahr des Wiener Kongresses, als sich die Generation der Befreiungskriege die Wiederherstellung des Heiligen Römischen Reiches erhoffte. Friedrich Barbarossa wird zum Symbol des deutschen Nationalbewußtseins (eine Reihe dieser Balladen hat Walter Müller-Seidel in dem Kapitel »Für und gegen Barbarossa« in seiner Balladensammlung wieder abgedruckt). Bei Wetzel kündet ein Sänger, daß der Kaiser nach siebenhundert Jahren zurückkehren werde:
»Durch Liedeskraft und Gottes Hand
Erbau' ich neu das Vaterland
Eine Burg auf ewge Zeiten.«

In der 1834 entstandenen Ballade von Emanuel Geibel »Friedrich Rotbart«
heißt es in der letzten Strophe:
»Und dem alten Kaiser beugen
Sich die Völker allzugleich
Und aufs neu zu Aachen gründet
Er das heilge deutsche Reich.«
Mehrfach wird Barbarossa auch dem Antipoden des deutschen Reichs Na-
poleon gegenübergestellt, wie schnell auch diese zum Mythos wurde, zeigt
die Ballade »Die Grenadiere« von Heinrich Heine. In Karl Immermanns
»Das Grab auf St. Helena« (1828) werden Barbarossa und Napoleon zu
Symbolen deutsch-französischer »Erbfeindschaft« (so auch schon in dem
früheren »Bild von Gelnhausen« von Max von Schenkendorff). Wie vielseitig
das Symbol Barbarossa für alle möglichen politischen Richtungen verwend-
bar ist, zeigt die Ballade von Wilhelm Wackernagel »Spielmannslohn: Barbarossa tritt hier ein für die Überordnung des Rechts über die Macht des Kaisers. Diese Ballade kann wie Uhlands Gedicht »Das deutsche Recht« als
Kampflied für Volkssouveränität und Konstitutionalismus gegenüber dem
Fürstenabsolutismus verstanden werden. Vollends im Revolutionsjahr
1848/49 wird der Mythos von der Wiederkehr Barbarossas mächtig. Heinrich Viehoff schildert in »Kaiser Rotbarts Verklärung« (1848), wie das Dröh-
nen der Revolution von Paris auch in den Kyffhäuser zu Barbarossa dringt,
und er läßt dem Kaiser sagen:
»Der Schimmer, der zu mir durch Klüfte bricht,
Er leuchtet ja wie rosig Morgenlicht.
O Deutschland, wär's dein Einheitsmorgen!«
1851 muß er eine Schlußstrophe als Epilog auf die gescheiterten Hoffnun-
gen der Revolution von 1848/49 anhängen, in der es über den Boten der Revolution heißt: »Du hast betrogen uns mit froher Mär«.
Freilich hatten schon vorher die Republikaner die Flucht in die Vergangenheit, die mit dem Staufermythos verbunden war, kritisiert. Ein Teil des
Kampfes gegen den Rückschritt ist auch der Kampf gegen die Barbarossa-
Legende. In der 1839 entstandenen Ballade »Barbarossas letztes Erwachen.
Eine Phantasie« von Georg Herwegh symbolisiert der Kaiser die alte Zeit,
die der Freiheit feindlich gegenübersteht: »Stirb du auch, alter Kaiser! / Es
hilft sich selbst dein Land«,
Heinrich Heine drückt das wenig später in »Deutschland. Ein Wintermär-
chen« im 16. Kapitel auf ironische Weise aus (1843/44):
»›Herr Rotbart‹ – rief ich laut – ›du bist
Ein altes Fabelwesen,
Geh, leg dich schlafen, wir werden uns
Auch ohne dich erlösen.«
Nicht mehr republikanisch, sondern auf eine kleindeutsche Lösung in der
deutschen Einigung zielend, heißt es bei Georg Herwegh 1867, ein Jahr nach
dem preußisch-österreichischen Krieg, mit deutlicher Beziehung auf Hein-
rich Heine jetzt in »Der Schwabenkaiser«: »Zum Kaiser hab ich grad' so gern
/ Die Zollern wie die Staufen.«

Gegen die nationale Ballade, die bis in den Nationalsozialismus hinein in immer gesteigertem Pathos weiter lebte, wandte sich schon Grillparzer in der Zeit ihrer Entstehung, als er gegen Fouqué bemerkte: »Ich will das Nationelle als solches den literarischen Wegemachern und Straßenräubern überlassen und einstweilen auf der allgemeinen praktikablen Heerstraße des Reinmenschlichen in seinen durch jahrhundertelange Gewohnheit beglaubigten Formen meine Zwecke verfolgen« (zit. n. *Kayser* S. 172). Neben der »nationalen« Geschichtsballade gibt es auch im 19. Jh. Versuche, gerade diese Gattung zu »objektivieren«. Das Ziel der »Objektivität« hat Uhland zuerst formuliert in der Zuwendung zur Vergangenheit (»Die äußerste Objektivität, der durchgängig treue deutsche Sinn«). Mit seinen Geschichtsballaden will Uhland Beiträge zur Erhellung und Darstellung des Volksgeistes der verschiedenen Völker geben. Er folgt damit noch dem Programm von Herders »Stimmen der Völker in Liedern« und wollte auch etwas verwirklichen, was nach der romantischen Theorie die alten Epen leisteten:

»Denn wie die Geschichte selbst nicht bloß äußeres Ereignis ist, sondern teils in Taten ein Erzeugnis des Volksgeistes, teils durch äußere Einwirkungen, die er in sich verarbeitet, eine Entwicklung desselben, so sind noch weit mehr der Poesie die geschichtlichen Bestandteile nur das Mittel, den Volksgeist zur Erscheinung zu bringen. Das Einzelne, Vorübergehende, faßt sie als Ausdruck des Allgemeinen, Dauernden. Nur in Beziehung auf das letztere kommt ihr geschichtliche Treue zu, jenes löst sie in diesem auf.« (zit. n. *Kayser* S. 178)

Für Balladen, sie solche Zielsetzungen verfolgen, ist der Begriff »Kulturhistorische Ballade« zutreffend. Uhlands spätere Balladen sind zugleich Früchte seiner in den Jahren 1810 und 1811 in Paris gemachten philologischen Studien, wo er neben der mittelalterlichen deutschen auch die französische mittelalterliche Literatur kennenlernt. Die Bemühung ums historische Kolorit wird bei Uhland bis in die Sprache hinein spürbar. Um den Geist des Mittelalters zu treffen, verwendet er auch die Nibelungenstrophe und in der Sprache manche an das Deutsch der mittelalterlichen Quellen anklingende Wendungen. So bleibt die Historie bei ihm nicht wie in seinen frühen Balladen (»Das Schloß am Meer«) romantischer Stimmungshintergrund. In den vielen Balladen zur württembergischen Landesgeschichte (wie z. B. »Graf Eberhard der Rauschebart«, »Der Überfall im Wildbad«, »Die Könige zu Heimsen«, »Schlacht bei Reutlingen« oder »Döffinger Schlacht«) geht es um die Buntheit des historischen Details, die sich in vielen Handlungen und Nebenhandlungen äußert. Das nähert diesen Typus der Ballade der Kleinepik an. In Balladen aus der englischen und französischen Kultur (wie »Roland Schildtträger«, »Die Jagd von Winchester«, »Tailefer« und »Bertran de Born«) verfolgt Uhland weniger historische Detailtreue als die Absicht, den Geist der dargestellten Zeiten zu beschwören. Solche Zielsetzungen verfolgt in der Ballade des 19. Jh.s am konsequentesten noch C. F. Meyer. Karl Fehr hat besonders im Bezug auf die Balladen vom »objektivierenden Realismus« Meyers gesprochen. Unter den Geschichtsballaden Meyers im klassisch geschlossenen Balladentypus könnte die Ballade »Die Füße im Feuer« mit einem analytisch gebauten Drama verglichen werden. Andere tendieren dagegen zu Bildgedichten oder genauer zu Porträtgedichten hin.

»Es sind versifizierte historische Bilder, die ihre dichterische Wirkung mehr vom bedeutenden Gegenstand als von der Form her gewinnen. Sie wollen freilich mit ihrer Prägnanz und mit der Wahl des fruchtbaren Augenblicks [...] schlaglichtartig eine historische Persönlichkeit oder ein bedeutsames historisches Geschehen anleuchten, durch eine Vision einen Menschen oder eine Zeit charakterisieren« (*Fehr* S. 73).

Fehr sieht als besonders hierfür typisch »Papst Julius« und »Die Gedanken des Königs René«. Ähnlich wie in einer Ballade Fontanes »Sir Raleighs letzte Nacht« wird der Papst Julius in einer bestimmten historischen Situation, in einer Art Rede und Selbstgespräch gezeigt, in der der Geist der Epoche gestaltet ist. Wie in seinen Novellen legt Meyer den besonderen Schwerpunkt auf die Zeit des Humanismus, der Renaissance, der Glaubenskriege. Jedes Zeitalter steht aber für ihn unter einer bestimmten Leitidee.

So überschreibt er die Balladen aus dem Altertum mit dem Titel »Götter«, weil hier die göttlichen Mächte, die den Menschen leiten, sichtbar werden (*Hansen* S. 43). Die Götter erscheinen z. B. Joseph in »Der Stromgott«, dem Telemach in der »Nächtlichen Fahrt«. Das Mittelalter ist von dem Gegensatz von »Frech und Fromm« gekennzeichnet, die Frechen lehnen sich gegen den Zeitgeist auf und werden vom Schicksal bestraft (»König Etzels Schwert«, »Die verstimmte Laute«, »Jung Tirel«), die Frommen stehen in Übereinstimmung zum Geist des Zeitalters (»Der Pilger und die Sarazenin«, »Galaswinthe«, »Die Gaukler«, »Der Mönch von Bonifatio«). Das Zeitalter der Renaissance ist durch den Gegensatz von Renaissance (Freiheit, Willkür, Frechheit) und Reformation (Gebundenheit, Demut, Ergebenheit) geprägt. Die Renaissance behandeln Balladen wie »Der Tod und Frau Laura«, »Die Gedanken des Königs René«, »Der Mars von Florenz«, »Papst Julius«; die Reformation z. B. die Balladen »Lutherlied«, »Hussens Kerker«, »Hugenottenlied«.

Neben diesen für das 19. Jh. so besonders bezeichnenden Typus der kulturhistorischen Geschichtsballade tritt ein zweiter Typus, den Kayser als historische Schicksalsballade beschrieben hat und den man auch als philosophische Geschichtsballade bezeichnen könnte. Die Vorstellung von der Abhängigkeit des Individuums von den Mächten des Schicksals, der Schicksals- und Prädestinationsglaube wurde übertragen auf die Interpretation und die Vorstellung vom Ablauf und vom Sinn der Geschichte. Kayser hat auf den Einfluß der Hegelschen Geschichtsphilosophie hingewiesen und meint, daß der auffällige Wechsel von der naturmagischen zur historischen Schicksalsballade die Entwicklung von Schellings Naturphilosophie zu Hegels Geschichtsphilosophie widerspiegle, ohne daß man dabei voraussetzen müsse, die Dichter hätten die Philosophien Schellings und Hegels gekannt (*Kayser* S. 233). Gerade hier zeigt sich, wie sehr die Ballade fähig ist, aktuelle Zeitströmungen aufzunehmen. Die historische Schicksalsballade versucht prägnante Punkte der Weltgeschichte so zu gestalten, daß in ihnen sinnbildhaft Zukünftiges und Vergangenes, oft visionär als Zukunftschau gestaltet, sichtbar wird. Dieser Typ der Ballade verwirklicht besonders den klassischen Balladentyp, weil auch die zeitgenössische Dramentheorie die Konzentration der Handlung auf die Peripetie forderte, so daß hier alles anekdotisch Ausmalende verschwindet. Der erste Balladendichter, der den Schicksalsbegriff auf die Geschichte übertrug, ist Platen gewesen (*Hansen* S. 15). In »Das Grab im Busento« ist sinnbildhaft mit dem Begräbnis Alarichs das Ende der Westgoten zusammengefaßt. In »Der Pilgrim von St. Just« erkennt Karl V., daß mit seinem Eintritt ins Kloster »das alte Reich« zusammenbrechen wird, wobei damit das Ende der habsburgischen Universalmonarchie gemeint sein kann, das Ende des katholischen Europa oder vielleicht als Prophetie in die Zukunft der Zusammenbruch des alten Reiches unter Napoleon. In der Ballade »Der Tod des Carus« markiert der Tod des Feldherrn, der noch vor der Schlacht gegen die Perser vom Blitz getroffen wird – was hier als Ausdruck göttlicher Vorsehung gewertet ist – den endgültigen Untergang der Römer: »Stirb und neige dich, o neige dich zum Grabe, hohes Rom!« In »Columbus Geist« erscheint dem zum zweiten Mal geschlagenen Napoleon der Geist des Columbus und weist ihn auf den Westen: »Denn nach Westen flieht die Weltgeschichte / Wie ein Herold segelst du voran!« Auch für diese Art der Geschichtsballaden sind viele Balladen Meyers besonders typisch. Was er an Linggs Werken beobachtet, den »besonderen Sinn für kosmische und historische Krisen, für die Mächte und Seelen des Weltlebens« (zit. n. *Kayser* S. 240), kann auch als Prinzip mancher seiner Geschichtsballaden gelten. In »Venedigs erster Tag« wird das Ende Aquilejas zum Sinnbild für den Zusammenbruch Roms und Venedig zur Vision einer neuen Welt. In der Ballade »Die wunderbare Rede« läßt Meyer während der Festspiele im Kolosseum die Göttin Rom selbst auftreten, um das Ende Roms zu verkünden. In »Napoleon im Kreml« ist in außerordentlich geraffter Form die Peripetie von Napoleons Herrschaft gestaltet. Im Augenblick des Brandes von Moskau erkennt Napoleon die Wahrheit seines Traumes. Auch in Heines Ballade »Karl I.« sieht Karl sein eigenes Ende voraus, und dieses Ende ist als welthistorische Wende interpretiert. Das Wiegenlied, das Karl einem Köhlerkind singt, ist zugleich der Todesgesang für ihn selbst; denn dieses Kind wird einst sein Henker sein. Die geschichtsphilosophische Schau ist in die einfachste Form gebracht, eben auf dieses Wiegenlied. Hinter dem Bild der tanzenden Mäuse, die sich über den Tod der Katze freuen, verbirgt sich das Bild einer neuen Zeit, in der die Menschen nicht mehr an Gott, folglich auch nicht mehr an einen König glauben, der Übergang von einem absolutistischen zu einem säkularisierten demokratischen Zeitalter. In »Die Rose von Newport« hat Meyer denselben Stoff gestaltet. In dem Bild der Rose, die blüht und verwelkt, ist das Schicksal Karl I. in ähnlicher Weise zusammengefaßt. Allerdings verzichtet Meyer im Gegensatz zu Heine auf einen Vorblick auf die Geschichte. – Dumpf fühlt Ludwig XVI. in Gertrud Kolmars gleichnamiger Ballade die Gefahr für sein Leben durch die französische Revolution, als er bei seiner Krönung in Reims dem namenlosen »Schüler aus Arras« gegenübersteht, der auserwählt ist, ein lateinisches Begrüßungsgedicht vorzutragen. Zu einer wirklichen Einsicht kommt es aber nicht: »Ein Mensch mit friedlich dumpfendem Gesicht / Man nennt ihn König. Seher ward er nicht«.

Diese für das 19. Jh. besonders bezeichnenden Typen der Geschichtsballade haben in verschiedenem Umfang auch in der traditionellen Ballade des ausgehenden 19. Jh.s und im 20. Jh. weitergewirkt. Degener sieht für die 2. Hälfte des 19. Jh.s vor allem die »heldische Ballade des pathetischen Historismus« als dominierend an, in der Tat drückt sich hier der übersteigerte Nationalismus der Zeit besonders deutlich aus. Gemeint sind hier die Balladen Geibels, Felix Dahns, Wildenbruchs, Vierordts, Isolde Kurz' u. a. (*Degener* S. 8). Die heldische Größe ist auch der Hauptwert in der historischen Ballade Münchhausens, Agnes Miegels und Lulu von Strauß und Torneys, deren Balladen Nachahmer gefunden haben bis hin zu W. v. Scholz, Blunck und Vesper. Dieser Balladentypus, der auch weitgehend dem nationalsozialistischen Literaturideal entsprach, hat vor allem dazu beigetragen, die Ballade insgesamt, insbesondere aber die Geschichtsballade in Verruf zu bringen. In den modernen Formen der Lyrik scheint ohne Ausnahme »das Historische als Gegenstand abgedankt zu haben« (*Degner* S. 149 f). Rilkes frühe historische

Balladen sind als traditionell zu werten, die Balladen »Karl der Zwölfte reitet durch die Ukraine« und »Die Zaren« im »Buch der Bilder« sind für Degner deshalb ahistorisch, weil hier Geschichte zur Legende stilisiert sei. Gerade aber auf dem Hintergrund der Tatsache, daß die meisten modernen Lyriker sich von der Geschichte abgewandt haben, ist der Beitrag Heyms und Kolmars zur Geschichtsballade bedeutend. Das Neuartige ihrer Balladen kommt gerade im Gegensatz zur »heldischen Ballade des pathetischen Historismus« zum Ausdruck (wobei die Wertung G. Kolmars allerdings umstritten ist – *Hinck* 117 f). Dabei bedient sich Heym in seinen Gedichten, in denen er Gestalten der französischen Revolution behandelt (»Robespierre«, »Louis Capet«, »Bastille«), durchaus traditioneller Formen, aber schon in der Verwendung der Form des Sonetts sieht Mautz (zit. n. *Riha* S. 56) einen »offenen Affront nur gegenüber dem gehobenen Stil der symbolischen Lyrik [...], sondern aller konventionellen Poesie«, weil die Hinrichtung als Sujet für ein konventionelles Sonett eine Unmöglichkeit ist. Aber auch gegen das heldenhafte Sterben in der Heldenballade ist die Darstellung des Todes ein Affront, der einen radikalen Angriff auf die dort verherrlichten Werte bedeutet. Bedeutsamer ist, daß die Helden hier im Licht eines antiidealistischen Geschichtsbildes gesehen werden. Der Mensch erscheint nicht mehr als handelnd, sondern nur als Objekt der Geschichte, die in Bildern, die an Büchner gemahnen, als blind dargestellt wird. (In der antiidealistischen Geschichtsauffassung treffen sich Büchner, Grabbe und Heym.) An die Stelle des Idealismus, der die Geschichte als sinnvollen Prozeß ansieht (vor allem in den Geschichtsballaden Meyers) tritt ein krasser Antiidealismus, der bestrebt ist, gerade auch den »großen Menschen« als entmenschte Kreatur zu zeigen. Nicht zufällig stehen Heyms Geschichtsballaden im Zusammenhang mit den Galgenliedern wie »Die Toten auf dem Berge«, ein Motiv, das dem Expressionismus ebenso gemein ist wie der Totentanz. Deshalb werden Robespierre und Louis Capet im Angesicht des Todes, der Vernichtung gezeigt; als Henker erscheint Robespierre in Kolmars »Dantons Ende«. In der Ballade »Rue Saint-Honoré« von Kolmar ist in grausigen Bildern das Entsetzen über die Geschichte gestaltet.

Die Absage an die traditionelle Geschichtsballade und ihre Geschichtsauffassung bringt schon der Titel von Enzensbergers »Mausoleum. 37 Balladen aus der Geschichte des Fortschritts« (1975) programmatisch zum Ausdruck. Hier ist das Interesse an der Geschichte nicht mehr wie im 19. Jh. ästhetisch begründet; der Begriff »Fortschritt« und was man mit ihm verknüpft hat, erscheint in den 37 Balladen durchaus als fragwürdig. Die Akteure des Fortschritts sind auch nicht die Gestalten, die man sonst aus der politischen Geschichte kennt, sondern Persönlichkeiten, die jeder auf seine Art ein typisches Bild unseres Fortschritts geben, also Techniker, Ärzte, Ökonomen, Philosophen, Revolutionäre usw. In diesen Balladen wird Geschichte nicht als abgeschlossener Prozeß gezeigt. Sondern die bestürzende Gegenwärtigkeit dieser Persönlichkeiten für uns aufzureißen, ist ihr Prinzip. Da nicht Ereignisse gestaltet sind, haben diese Balladen auch keine eigentliche Handlung, sie tendieren zum Porträtgedicht, was auch schon für viele Geschichtsballaden Meyers typisch ist.

Literatur:

Benzmann, H. (Hrsg.): Die Deutsche Ballade. 1925
Diez, G.: Das Bild Friedrich Barbarossas in der Hohenstaufendichtung d. 19. Jh. Diss. Freiburg 1943
Hinck, W.: (Hrsg.): Geschichte im Gedicht. Texte und Interpretationen (Protestlied, Bänkelsang, Ballade, Chronik). Frankfurt am Main 1979
Sauermann, D.: Das historisch – politische Lied. In: Handbuch d. Volkslieder I. 1973. S. 293–323
Weißert, G.: Zugänge zur Geschichtsballade im 19. Jahrhundert. In: Literatur für Leser. 1983. H. 2, S. 113–133
Langosch, K.: Politische Dichtung um Kaiser Friedrich Barbarossa. 1943
Link, J.: Das Lispeln des Busento. Zu August von Platens Erfolgsballade »Das Grab im Busento« – In: Grimm. Interpretationen S. 165–178
Müller-Seidel, W. (Hrsg.): Balladen. 1967
Literatur zu einzelnen Autoren siehe unter III.

4. Die soziale Ballade

Fast immer hat man die soziale Ballade innerhalb der Balladenarten als »artfremd«, zumindest als Sonderfall angesehen. Die Gründe dafür liegen auf der Hand: Zu eng ist die Entstehung der deutschen Kunstballade und der Beginn der wissenschaftlichen Beschäftigung mit der Ballade mit dem Irrationalismus verknüpft. Die »echte« Ballade nehme ihre Stoffe aus der Sage oder weit entfernter Vergangenheit, die Behandlung sozialer Ordnungen in der Gegenwart sei ihr fremd, dekretierte noch die nationalsozialistische Literaturwissenschaft (vgl. *H. Hell*, Studien zur deutschen Ballade der Gegenwart. Diss. Bonn 1937 S. 12). Denn die soziale Ballade ist Teil einer sich auch bewußt als tendenziös verstehenden Lyrik, und schon Robert Prutz hatte 1845 in »Die politische Lyrik der Deutschen« gefordert, die Dichter »müßten sich entschließen, herauszutreten aus jenen geweihten Kreisen, in denen sie sich bis dahin von der Welt und von ihrem Treiben abgeschlossen hatten« (zit. n. *Lecke*, Projekt DU 8, S. 6).

Auch vom Stil her scheint die soziale Ballade eine Sonderform zu sein, denn gemäß ihrer Wirkungsabsicht muß sie in ihrem Gehalt, ihrer Symbolik, ihrer Sprache noch zugänglicher sein als andere Balladen, d. h. sie muß weitgehend auf die für die klassische Ballade typischen Strukturmerkmale verzichten. Ivo Braak z. B. hat sie deshalb kurzerhand als eine Unterart des Erzählgedichts sehen wollen (*Braak* S. 129). Weiterhin hat sie schon im 19. Jh. eine Tendenz zum Chanson und zum Bänkelsang, wie sich von Chamisso bis Wedekind und Brecht, Biermann und Degenhardt hin zeigen läßt. Ganz zwingend ist auch diese formale Abgrenzung von anderen Balladenarten nicht; denn schon der eigentliche Schöpfer der neuen Kunstballade, Bürger, hat Balladen geschrieben, die man als ›sozial‹ bezeichnen könnte. Gerade in der Ballade, die viele Kritiker für die vollendetste Bürgers halten, »Des Pfarrers Tochter von Taubenhain«, gestaltet er das für den Sturm und Drang wichtigste soziale Motiv der Kindsmörderin mit einem poetischen Instrumentarium, das er in der »Lenore« entwickelt hatte (vgl. *Laufhütte*, S. 41−52).

Es hängt freilich wesentlich davon ab, wie eng oder wie weit man den Begriff »soziale Ballade« definiert, wenn man die Häufigkeit sozialer Motive im Vergleich auch zu anderen Balladenarten bestimmen will. Hans Benzmann setzt in seiner 1912 erschienenen, auch heute noch nicht überholten Studie »Die soziale Ballade in Deutschland« die Idee der Gleichberechtigung voraus.

Forschung zur politischen Lyrik, als deren Teil die soziale Ballade auch mit verstanden werden muß, faßt der von Walter Hinderer herausgegebene Sammelband »Geschichte der politischen Lyrik in Deutschland« zusammen. In der sozialen Ballade muß nach Benzmann »der soziale Gegensatz als solcher beabsichtigt sein, er muß deutlich empfunden werden« (S. 2), d. h. der einem Balladenstoff anhaftende soziale Gegensatz, wie z. B. das Motiv von Arm und Reich, hohe oder niedrige Geburt allein genüge nicht. Solche Motive gibt es in der alten Volksballade vielfach (wie z. B. in der Ballade »Ritter und Magd« [Meier Nr. 34] »Die Rabenmutter« [Meier Nr. 96] »Die schöne Jüdin« [Brednich Nr. 30], »Edelmann und Schäfer« [Brednich Nr. 33, Erk I, Nr. 43]. Doch fehlt der Volksballade wie auch den balladesken Handwerksliedern eine oppositionelle Haltung, denn der Gegensatz zwischen Arm und Reich, Hoch und Niedrig wird in ihnen nicht als prinzipielle Ungerechtigkeit empfunden, es fehlt in ihnen gerade der von Benzmann geforderte »kritisch den Verhältnissen gegenüberstehende Standpunkt« (*Benzmann* S. 2). Das Mittelalter läßt »bewußte soziale Empfindungen natürlich noch nicht oder nur nebenbei aufkommen« (ebda S. 6).

Balladenhafte Gedichte mit weit stärkerer sozialer Tendenz sind in den Liedern der Ausgestoßenen und Verfemten zu finden, in der Vagantenlyrik des lateinischen Mittelalters, in den Gedichten des François Villon (1431–1463) und des Schweden Bellmann (1740–1795). Hier entsteht aus dem Blickwinkel der Fahrenden, der Mörder und Dirnen deutlich eine Konfrontation zur Gesellschaft, zur öffentlichen Gewalt und Ordnung, zu den Vertretern aller möglichen Gesellschaftsschichten. Eine Tradition wird sichtbar, die zwar keineswegs kontinuierlich ist, die aber doch neben anderen Balladentraditionen, wie z. B. der Rezeption der schottischen Volksballaden durch den Sturm und Drang oder der deutschen Volksballade durch »Des Knaben Wunderhorn« hervorgehoben zu werden verdient. Stoffe von Verfemten behandeln auch die Bänkellieder; Formen und Stoffe des Bänkelsangs adaptiert der Sturm und Drang im 18. Jh., Holz und Wedekind an der Wende des 19. zum 20. Jh. François Villon wird im 20. Jh. allgemein wiederentdeckt (Brecht, Biermann). Die soziale Ballade in dem von Benzmann gemeinten Sinn kann es erst ab der Aufklärung geben, in der zuerst die Idee der Gleichberechtigung popularisiert wird, und dann im 19. Jh. im Zeichen der krassen sozialen Unterschiede und der Entstehung der Arbeiterklasse. Balladenartige Gestaltungen sozialer Gehalte mit oppositioneller Tendenz sind im 18. Jh. noch selten, so ein offen anklagender und oppositioneller Ton, wie Klopstock ihn in der von Benzmann als »echte heroische und zugleich revolutionär gestimmten Ballade von hoher poetischer Schönheit« bezeichneten Ode »Der Fürst und sein Kebsweib« findet (S. 32). (Die Bedeutung von Klopstocks revolutionärer Lyrik hat zuletzt Jürgen Wilke hervorgehoben [S. 148–151]). In diesem Dialog läßt Klopstock den Fürsten sagen:

> »Ha, der schreckliche Geist der Freiheit,
>   den sich die Völker
> Jetzt erfrechen zu sehn, was sie sind!
> Welcher Zauber beschwört und bannt
>   ihn hinab in des stummen
> Kerkers Nacht, aus welcher er kam?
> Weh mir, wo ist, der sich an den hundert-
>   armigen Riesen,
> Hundertäugigen Riesen sich wagt«.

Das breite Publikum war aber noch weit empfänglicher für balladenartige Texte, in denen die »gute Tat« der Reichen verherrlicht wurde, wie z. B. in Lossius »Der gute Reiche« (der gute Reiche nimmt ein Waisenkind an Vaters statt an), in Bürgers »Lied vom

braven Manne« (der brave Mann trägt zur Rettung einer Zöllnersfa-
milie bei) oder Bürgers »Die Kuh« (ein »Maurer«, der nicht genannt
werden will, ersetzt einer armen Witwe den Verlust ihrer einzigen
Kuh). – Der Bänkelsang vor allem hatte das Motiv der Kindsmörderin geliefert. Dieses Motiv wird von den Dichtern des Sturm und
Drangs auffällig oft behandelt, so von Stäudlin in »Setha, die Kindsmörderin«, von Bürger in »Des Pfarrers Tochter von Taubenhain«,
von Goethe in »Vor Gericht«, von Schiller in »Die Kindsmörderin«.
Hier ist die soziale Anklage dem Stoff immanent, sie tritt in den verschiedenen Gestaltungen einmal deutlicher, einmal weniger deutlich
hervor. Gerade die »Balladendichtung um 1770« von ihrem historischen und sozialen Kontext her deutlich zu machen, hat Ulrike
Trumpke unternommen. – Sehr vereinzelt finden sich in der Ballade
der klassisch-romantischen Dichtung soziale Motive, und wenn,
wie in Brentanos »Ich kenn ein Haus, ein Freudenhaus«, dann nur
stark verschlüsselt. Im Biedermeier dagegen gibt es anekdotenhafte,
genrehafte Situationsbeschreibungen mit sozialer Thematik, hinter
denen freilich noch ein aufklärerisches Weltbild steht. In diesen Zusammenhang gehört Chamisso, in dessen Balladen zum ersten Mal
soziale Motive dominieren. Wie das Biedermeier allgemein liebt er
kurze genrehafte Szenen wie »Die alte Waschfrau«, »Der Bettler und
der Hund«, »Der Invalid im Irrenhaus«, »Das Gebet der Witwe«. In
ihnen ist jeweils ein Einzelschicksal gestaltet, und allen gemein ist
der Appell an das Gefühl und das Mitleid des Lesers. Chamisso hat
seine Gedichte doch wohl kritischer verstanden als manche seiner
Kritiker. Deutlich ist er von Béranger beeinflußt, den er übersetzte
und der seinerseits auf die soziale Lyrik des französischen Volksliedes und den Chanson zurückgeht. Dieses Chanson vertrete, so
schreibt Chamisso in der Einleitung zur Übersetzung der Lieder Bé-
rangers, bei den Franzosen »Die Stelle anderer Freiheiten (Rede,
Pressefreiheit, Petitionsrecht)«. Trotzdem beschränkt sich, wie
Benzmann meint, bei Béranger, bei Chamisso und seinem Freunde
Franz Freiherr von Gaudy »das soziale Empfinden [...] auf einem
[...] abstrakten, in der Teilnahme für das Schicksal gewisser typi-
scher sozialer Figuren sich konkretisierenden Mitleid« (S. 94). Dieser Unterschied wird besonders deutlich im Vergleich zu den sozialen Balladen Heinrich Heines. Inzwischen waren mit der fortschrei-
tenden Industrialisierung die sozialen Gegensätze sichtbarer geworden, Heine ist auch seit seiner Pariser Zeit mit sozialistischem Ge-
dankengut aufs beste vertraut. Nicht mehr der Appell ans Mitleid
herrscht in seinen Balladen vor, sondern der Leser, der bürgerliche
Leser zumal, mußte sich schockiert fühlen durch den neuen aggres-
siven Ton der Anklage und die oft ins Groteske gehenden Bilder.

Der Unterschied der Methode wird z. B. sichtbar im Vergleich von Heines »Die Weber« und Freiligraths »Im Schlesischen Gebirge«, einem Gedicht, an dem der Weberaufstand von 1844 gleichsam mitgeschrieben hat. Während nämlich bei Freiligrath im ersten Teil ein Weberkind Rübezahl um Hilfe für sich und seine Familie bittet (hier soll besonders die kindliche Gläubigkeit den Leser rühren), so beklagt jetzt das Kind den Verlust des Vaters beim Weberaufstand. Die Zeitereignisse sind aber auch im zweiten Teil ganz individuell zugeschnitten auf das Schicksal des einen Kindes. Bei Heine spricht dagegen anonym das Kollektiv der Weber. Neu ist auch der überindividuelle Zukunftsaspekt (er erinnert an die Vorhersage des Fürsten in Klopstocks »Der Fürst und sein Kebsweib«): »Altdeutschland, wir weben dein Leichentuch«. Hier ist die kommende Änderung aller politisch-sozialen Verhältnisse durch den vierten Stand angekündigt. Auch in der Ballade »Das Sklavenschiff« geht der Dichter, der sich außerordentlich beeindruckt zeigte durch »Onkel Toms Hütte«, ganz andere Wege als die Autorin Harriet S. Beecher-Stowe, die für die Aufhebung der Sklaverei gerade durch die rührende Darstellung von Einzelschicksalen warb. Sowohl die Sklaven wie die Peiniger sind bei Heine ins Groteske verzerrt; dadurch »bricht er die Konvention der Realitätsverschleierung auf und enthüllt jenen systemfundierenden Zynismus, den die warenproduzierende Gesellschaft tatsächlich betreibt« (*Fritsch* S. 77). (Mit ähnlicher Tendenz, aber ohne die gleiche dichterische Kraft stellt Fontane später in der Ballade »Die Balinesenfrauen auf Lombok« ein Stück holländischer Kolonialgeschichte dar. Während seine Söldner ein Massaker unter den Balinesen anrichten, malt sich der Mynher in seinem Kontor »Christlich Kulturelles vor«.) Ähnlich grotesk-grausige Wirkungen erzeugt Heine in den Gedichten »Jämmertal« und »Die Wanderratten«. In den »Wanderratten« ist der soziale Gegensatz auf die Konfrontation von Arm und Reich im Sinne von zwei Klassen – Bourgeoisie und Proletariat – erklärt und ins Bild gebracht: »Es gibt zwei Sorten von Ratten: / die hungrigen und die satten«. Ebenso wie in den »Webern« ist die Pointe des Gedichts der historische Zukunftsaspekt, die satten Ratten werden sich gegen die hungrigen zu wehren haben; »Die Bürgerschaft greift zu den Waffen? / die Glocken läuten die Pfaffen / Gefährdet ist das Palladium / des sittlichen Staats, das Eigentum.« Freiligrath hat für diesen Zukunftsaspekt einer künftigen Revolution den Gegensatz von »oben« und »unten« gefunden. In der Ballade »Von unten auf« genießt der preußische König die Rheinfahrt, während der Maschinist die Räder tritt. Die Auswertung des Bildes gibt der Maschinist in Worten: »Ein Ruck von mir, ein Schlag von mir in dieser Frist, und siehe, das Gebäude stürzt, von welchem Du die Spitze bist.« In der Ballade »Fabrikausgang« wiederum beschreibt Klara Müller die aufziehende Revolution mit dem Bild des Abendrots. Diese Ballade beweist zum einen, wie jetzt in den 70er und 80er Jahren des 19. Jh.s Motive der Großstadt, der Fabrik in die soziale Ballade dringen (F. v. Saar, Richard Dehmel), sogar B. v. Münchhausen gestaltet in einigen seiner Balladen soziale Motive. Zum andern sieht Benzmann gerade in Klara Müllers »Fabrikausgang« einen modernen impressionistischen Kunststil, den er für die soziale Ballade als den eigentlich gemäßen Stil ansieht (*Benzmann* S. 105). – In den 90er Jahren entsteht die moderne Varieté-Ballade. Im Rückgriff auf den schon in den 40er Jahren hier und da wiederaufgenommenen Bänkelsang gestaltet sie Motive des Dirnen- und Verbrechermilieus. Aus dieser Tradition stammen die Balladen »Brigitte B.« und »Der Tantenmörder« von Wedekind. Ein Teil der frühen Balladen Brechts, in denen soziale Motive anklingen, ist der »Romantik« der Ausgeschlossenen, der outcasts gewidmet: die Ballade der »Seeräuberjenny oder Träume eines Küchenmädchens« gehört hierher, der »Mackie Messer« und auch »Hanna Cash«. Ausgesprochener noch zum Typ der sozialen Ballade gehört »Die Legende vom toten Soldaten«. Ähnlich wie in Heines »Sklavenschiff« sind hier die Wirkungsmittel das Groteske und Absurde. In der Ballade »Von der Kindsmörderin Marie Farrar« ist die Tradition der Kindsmörderin-Ballade des Sturm und Drang fortgesetzt, der Appell an das Mitleid des Lesers durch den Refrain, der allerdings den Leser mit einschließt, (»denn alle Kreatur braucht Hilf von allen«) – ist hier an die Stelle der Schockierung des Lesers getreten. Fern von allem Pathos und allen Emotionen geht es in der Ballade »Kohlen für Mike« um unauffällige soziale Hilfe und Solidarität für die Witwe des Eisenbahnarbeiters Mike.

Literatur:

Benzmann, H.: Die soziale B. in Deutschland. 1912
Fritsch, G.: Das soziale Gedicht. In: Projekt Deutschunterricht 8. Polit. Lyrik. Hg. v. B. Lecke i. Verbg. m. d. Bremer Kollektiv. Stuttgart 1974
Hinderer, W. (Hrsg.): Geschichte der politischen Lyrik in Deutschland. 1978
Trumpke, U.: Balladendichtung um 1770. Ihre soziale u. religiöse Thematik. 1975
Wilke, J.: Vom Sturm u. Drang bis zur Romantik. In: W. Hinderer (Hrsg.): Geschichte d. polit. Lyrik in Dtld. 1978
Zagari, L.: Lyrik und Ballade. In: Deutsche Literatur. Eine Sozialgeschichte. Hrsg. von Horst Albert Glaser, Bd. 7. Reinbek bei Hamburg 1982, S. 270–281
Literatur zu einzelnen Autoren siehe unter III.

III. Historischer Abriss

1. Die früheste deutsche Ballade: Das Heldenlied

Es ist eine Konvention der Literaturwissenschaft, die Geschichte der deutschen Ballade mit der Volksballade beginnen zu lassen. Welche Definition der Ballade man auch zugrundelegt, diejenige Goethes von der Ballade als dem »Urei« der Dichtung oder eine neuere wie die von Kretschmann, die Ballade sei »im weitesten Sinn ein Gedicht mit erzählendem Inhalt (›Erzählgedicht‹), im engen Sinn die Wiedergabe eines einzigen, von Nebenhandlungen isolierten Geschehens in höchstmöglicher sprachlicher Verdichtung, meist mit düsterem und tragischem Ausgang« (»Ballade«, in: *D. Krywalski: Handlexikon zur Literaturwiss.*, 1978, S. 56) – auf keinen Fall ist es gerechtfertigt, jene ältesten erzählenden Gedichte auszuschließen, die man als »Heldenlieder« bezeichnet. (Zu Recht wird dagegen die Anwendung des Begriffs Ballade auf das Heldenlied dann kritisiert, wenn damit eine eindeutige Entwicklungslinie vom Heldenlied zur Volksballade behauptet ist oder sonst die bedeutsamen Unterschiede zwischen beidem nivelliert werden sollen [Herm. Schneider, A. Heusler, H. Fromm].) Von diesen Heldenliedern ist auf deutschem Boden nur ein einziges erhalten: das »Hildebrandslied«. Die uns überlieferte fragmentarische Fassung wurde wohl um 800 aufgeschrieben. Doch läßt sich aus der späteren Überlieferung solcher Heldenlieder in der Edda (Hunnenschlachtlied, Hamdirlied, Sigurdlied, Atlilied, Wölundlied) erschließen, daß es sich beim Heldenlied um eine literarisch und soziologisch fest umrissene Gattung handelt, die in die germanische Völkerwanderungszeit gehört und an der mehr oder weniger alle germanischen Stämme teilgehabt haben. Die Stoffe der Heldenlieder sind »Heldensagenstoffe« (Herm. *Schneider*), in denen die großen Völkerschicksale der Völkerwanderungszeit ihren Niederschlag finden. Die Heldenlieder haben einen Umfang von 80 bis 200 Langzeilen (Bürgers »Lenore« hat 256 Verse, Schillers »Kraniche des Ibykus« 184 Verse), ihre gerafft-konzentrierte Erzählform hat man mit dem Begriff »Gipfeltechnik« charakterisiert. Gerade die epischen Teile sind im Hildebrandslied äußerst knapp gehalten. In wenigen Versen ist der Rahmen für die Exposition gegeben, auf die die eigentliche Handlung dann im Dialog zwischen Vater und Sohn folgt. Der Dialog und die auf Spannung angelegte Konzentration ist das dramatische Element; das lyrische Element ist in dem starken Rhythmus der stabreimenden Langzeile zu sehen. Durch den Stabreim entsteht auch die Neigung zu Parallelismus, Antithese, Asyndeton und vor allem zu variierender Wieder-

51

holung der Begriffe und zu Formeln. Alles das sind Stilelemente, die in abgewandelter Form auch in der Volksballade wieder begegnen und die später von vielen neueren Balladendichtern nachgeahmt werden. Es wird angenommen, daß die Heldenlieder mit Harfenbegleitung vorgetragen wurden. Das Publikum des Heldenliedes ist die kriegerische Gefolgschaft eines adligen Herrn, die sich in der Halle versammelt. So ist es auch seinem Wesen nach Adelsdichtung, und die Ideale und Werte dieser Gefolgschaft werden besungen, von denen die Gefolgschaftstreue und die persönliche Tapferkeit die wichtigsten waren. Im Hildebrandslied ist denn auch der tragische Konflikt zwischen Gefolgschaftstreue und persönlichem Schicksal gestaltet: Hildebrand ist als Gefolgsmann von Dietrich von Bern gezwungen, den Sohn, der ihn nicht erkennt und der einem anderen Herrn dient, zu bekämpfen. (Ein ähnlicher Konflikt kommt auch im »Waltharilied« vor; in einem solchen Konflikt steht auch Rüdiger im »Nibelungenlied« zwischen den Burgunden und Kriemhild.) Ganz außer Zweifel steht, daß das Heldenlied Erzeugnis eines Berufssängers ist: Der »Skop« ist seiner Stellung nach kein fahrender Spielmann, sondern selbst adliger Gefolgsmann. Im Gegensatz zur Volksballade ist das Heldenlied also Kunstdichtung, wenn man will, die älteste Kunstballade der deutschen Literatur.

Literatur:

Schneider, H.: Heldenlied RL I [mit Bibliographie]
Schneider, H./Mohr, W.: Heldenlied RL II [mit Bibliographie]
Boor, H. de: Geschichte d. dt. Lit. 770—1170. ³o.J.
Fromm, H.: Heldenlied u. Volksb. In: Wege zum Gedicht, S. 110—115
Rosenfeld, H.: Heldenballade. In: Handbuch d. Volksliedes. Bd. 1. Hrsg. v. W. Brednich. 1973
Boor, H. de: Die nordische u. dt. Hildebrandssage. In: ZfdPh 50, 1926
Stein, H.: Methodische Ansätze zur Altersbestimmung von Ballade und Heldenlied. In: Jb. f. Volksliedforschung 1980, S. 27—33

2. Volksballade

Der Begriff »Volksballade« ist kein Begriff der Zeit selbst (sie spricht von »liet« oder von »maere«), sondern er will als wissenschaftlicher Hilfsterminus die erzählenden Gedichte des späten Mittelalters und der frühen Neuzeit (ihre Blütezeit liegt im 15. und 16. Jh.) von der Kunstballade des 18. und 19. Jh.s abgrenzen. Man versteht darunter ein episches, strophisches, mit Endreimen versehenes Gedicht eines unbekannten Verfassers. Im Unterschied zu den Heldenliedern und vor allem zur neueren Kunstballade ist die Beziehung zur Musik sehr eng. Es ist als Strophenlied – vielfach mit Refrain – gesungen worden. Zu vielen von ihnen sind auch Melodien überliefert; es ist also eine Gattung des Volksliedes. Der Begriff Volksballade ist so problematisch wie der Begriff Volksliteratur überhaupt. Ist darunter Literatur zu verstehen, die vom Volk rezipiert wurde, oder setzt dieser Begriff voraus, daß »das Volk« zugleich der Produzent dieser Literatur sein muß? Die unter dem Einfluß der Romantik stehende Forschung hat diese Dichtung als Ausdruck der Kollektivseele sehen wollen, der Verfasser sei also das Volk selbst gewesen. Volksdichtung ist »nicht gleich aller übrigen von einzelnen namhaften Dichtern hervorgegangen, vielmehr unter dem Volk selbst, im Munde des Volkes, wie man das nun näher fasse, entsprossen«, schrieb Jacob Grimm. Die spätere Volksliedforschung ist dagegen davon ausgegangen, daß hinter jedem Volkslied ein einzelner – kunstgeübter – Verfasser stehe, daß alle Volksdichtung ins Volk abgesunkene Kunstdichtung sei (»Kunstlied im Volksmunde« J. *Meier* 1906). Damit hat sich der Schwerpunkt von der Verfasserfrage auf die Rezeptionsgeschichte verlagert: Von »Volkslied« oder von »Volksballade« läßt sich dann sprechen, wenn ein Lied in breiten Schichten der Bevölkerung gelebt hat. Das ist dann bezeugt, wenn von einem Lied möglichst viele Belege geographisch breit gestreut auftauchen. Dabei muß man sich im klaren sein, daß die Volksballade wie auch andere Volksdichtung im wesentlichen in mündlicher Überlieferung gelebt hat und daß die schriftlichen Belege auf fliegenden Blättern, gedruckten oder handschriftlichen Liederbüchern nur ungefähren Aufschluß über die Verbreitung eines Liedes geben und daß diese Belege auch relativ spät sind, so daß man von einigen der Volksballaden ein erheblich früheres Alter annehmen muß (13. Jh.). Ein untrügliches Zeichen für das Leben eines Liedes im Volke ist dann gegeben, wenn von einem Liede möglichst viele Varianten vorkommen (H. *Bausinger,* S. 252). Gerade durch mündliche Überlieferung entstehen durch bewußte Abänderung oder durch Hörfehler zahlreiche Varianten: Die Namen der Helden oder die Namen der Orte werden geändert, es wird erweitert oder gekürzt, verschiedene Balladen können so kontaminiert werden, daß eine Ballade bis zur Unverständlichkeit verändert wird. Diesen Prozeß hat man als »Zersingen« bezeichnet oder – um den gleichen Sachverhalt positiv für die adaptive Leistung des Rezipienten zu betonen – als »Zurechtsingen« oder »Umsingen«. (Editionen von Volksballaden bemühen sich, diesem Vorgang gerecht zu werden, indem sie von Volksballaden mehrere Fassungen abdrucken [Erk-Böhme, J. Meier, Brednich/Röhrich].) Im Unterschied zum Heldenlied oder dem Minnesang ist die Volksballade nicht auf eine kleine Oberschicht als Publikum beschränkt geblieben, sondern es haben mehr und mehr auch die unteren Schichten daran teilgehabt. Die Verfasser mögen kunstgeübte Spielleute gewesen sein, die sie auch mündlich verbreiteten. An ihrer Verbreitung haben später auch die Handwerksburschen auf ihrer Wanderschaft entscheidenden Anteil gehabt; gesungen wurden Volksballaden vor allem in der »Spinnstube«, auf der »Bleiche«, wie die ersten Sammler von Volksliedern im 18. Jh. feststellten.

Während für die einen Forscher eine Ballade zur Volksballade erst durch den Rezeptionsprozeß wird, betonen die anderen, daß die Volksballaden in ihrem Inhalt, ihrem Gehalt und ihrem Stil schon von vornherein als solche konzipiert seien, daß also ein bestimmter literarischer Stil gefunden wurde, der den Verfassern von Volksballaden als Muster diente. Dieser Volksballadenstil wurde durch den Zersingprozeß allenfalls verstärkt (*Kayser* S. 38–40). Da das Publikum der Volksballade keine fest umgrenzte Schicht mehr ist, schreibt das Standesbewußtsein auch nicht mehr bestimmte Stoffe, Inhalte und Formen vor. Viele Stoffe sind nun verfügbar, die nach den Formeln der unterhaltenden Literatur bearbeitet werden. Mühelos überwinden Volksballadenstoffe Kultur- und Sprachgrenzen. Mehr noch als das Heldenlied – das eine gemeingermanische Gattung war – ist die Volksballade zumindest eine gemeineuropäische Erscheinung. Erich Seemann spricht von sieben großen europäischen »Balladenlandschaften« (der skandinavischen als der reichsten, der englischen, der deutschen, der romanischen, der balkanischen, der westslawischen, der großrussischen – S. 43). In der Volksballadenforschung spricht man von »Gemeinschaftsmotiven« im Sinne von »menschlichen Urerlebnissen« (*Seemann* S. 38), Motiven also, die im Unterschied zu ständischen Motiven individuell behandelt werden:

»Sie sind der Versuch, ein Schicksal, das den Sänger genauso treffen könnte wie den Balladenhelden, zu begreifen und durch die Gestaltung zu bannen, wobei der Sänger darauf vertraut, daß sein Zuhörerkreis, wenn nicht durch aktives Mitsingen eines Refrains, so doch durch verstehendes Hören mitwirkt. So enthält die Volksballade immer einen Kern von menschlichen Konflikten, die für den Zuhörer unmittelbar einsichtig sind, etwa das Verhältnis Mensch-Elfe wie in den frühen magischen Balladen, das Verhältnis des Geächteten zum Gesetz wie in den Robin-Hood-Balladen, Machtkonflikte in den Grenzgebieten, Konfliktkonstellationen aus dem familiären Bereich: zwei feindliche Brüder, ein Freier – zwei Schwestern, die Mutter zwischen Vater und Sohn, das Mädchen zwischen dem Geliebten und ihrer Sippe usw.« (E. *Pflüger-Bouillon* S. 2 f)

Auch stilistisch gesehen ist die Volksballade Volksdichtung, weil sie als mündlich tradierte Dichtung einen Gemeinschaftsstil geschaffen hatte, an der viele Spielleute teilhaben konnten, um neue Stoffe im Stil von älteren bekannten Balladen zu bearbeiten, oder der zur Improvisation und zur Erfindung neuer Strophen geeignet war. So hat sich als häufigste Form die vierzeilige Strophe durchgesetzt. Es handelt sich dabei zumeist um vierhebige Verse, deren Füllung ganz frei ist. Paarreime und Kreuzreime sind häufig (vgl. I, 6). Die Improvisation wurde dann noch erleichtert, wenn in einer vierzeiligen Strophe jeweils nur der zweite und vierte Vers reimen mußte. Mit der Stabreimdichtung hat die Volksballade Variation, Parallelismus und feststehende Beiwörter gemein. Auch die Möglichkeit, ganze Verse oder gar Strophen oder einzelne feste Wendungen (Formeln) wiederaufzunehmen, erleichtert die Improvisation. Die Zeilenbindung kann wie in »Der Schildwache Nachtlied« ein durchgängiges Kompositionsmittel sein:

Der Schildwache Nachtlied

»Ich kann und mag nicht fröhlich sein,
wenn alle Leute schlafen,
so muß ich wachen,
muß traurig sein.«

»Ach Knabe, du sollst nicht traurig sein,
will deiner warten
im Rosengarten,
im grünen Klee.«

»Zum grünen Klee, da komm ich nicht,
zum Waffengarten
voll Helleparten
bin ich gestellt.«

»Stehst du im Feld, so helf dir Gott,
an Gottes Segen
ist alles gelegen,
wer's glauben tut.«

»Wer's glauben tut, ist weit davon,
er ist ein König,
er ist ein Kaiser,
er führt den Krieg.«

Halt! Wer da? Rund! Wer sang zur Stund?
Verlorne Feldwacht
sang es um Mitternacht:
Bleib mir vom Leib!

Ganze Strophen können aus anderen Balladen übernommen werden, wodurch dann der »tiefe und dunkle Sinn« entsteht, von dem Goethe in bezug auf diese Ballade spricht. Die Volksballade arbeitet mit »Formeln«, z. B. mit immer gleichen schmückenden Beiwörtern wie ›das braune Mägdelein‹, ›wackeres Mägdelein‹, ›der stolze Held‹, ›braune Äuglein‹, ›Mündlein rot‹ usw. (J. *Meier* S. 29, in der Einleitung zu den »Balladen«). In der Volksballade ist die Syntax einfach, Parataxe (»Parallelismus«) herrscht vor, Hypotaxe ist ganz selten«. (J. *Meier*, Einl. zu den »Balladen«, S. 29.)

Was nun die Volksballade in Deutschland angeht, so ergeben sich für die Forschung viele Probleme, vor allem was ihr Alter und ihre Entstehung betrifft. Eine ganze Reihe von ihnen behandelt Heldensagenstoffe (Stoffe aus der Völkerwanderungszeit): Das »Jüngere Hildebrandslied« erzählt denselben Stoff wie das alte Hildebrandslied, »Ermenrichs Tod« einen Stoff, der sich auch in der eddischen Hamdismal findet. Die Balladen »Der Jäger aus Griechenland«, »Der verkleidete Markgrafensohn«, »Die Geburt im Walde« haben Beziehung zum mittelhochdeutschen Wolfdietrichepos, die Ballade »Die Brautwerbung« weist auf die alte Hildesage und »Die schöne Meererin« auf das Kudrunepos. Diese Lieder haben aber gegenüber den alten (abzulesen am »Jüngeren Hildebrandslied«) derart entscheidende inhaltliche und formale Änderungen durchgemacht, daß von einer direkten Verbindung oder von einer Kontinuität vom Heldenlied zur Volksballade über das endreimende Heldenlied z. B. (»Ludwigslied«), wie es einige Forscher behauptet haben (*Kayser* S. 41), keine Rede sein kann. Um aber den gewaltigen zeitlichen Abstand zum 13./14. Jh. zu überbrücken, meinen manche Forscher, daß es Zwischenstufen gegeben haben muß, die verloren gegangen sind. Hans Fromm spricht vom »Heldenzeitlied« (10./13. Jh.?); Hans Naumann meint, daß es auch im Hochmittelalter neben dem Minnesang erzählende ritterliche Gedichte gegeben haben müsse. Beleg dafür ist das Repertoire des bekannten Spielmannes Marner (1230–70), der eine Reihe von Heldensagenstoffen aufzählt: »wie Dietrich von Berne schiet«, »der Ruizen sturm«, »wen Kriemhild verriet«, »Heimen ald hern Witigen sturm«, »Sigfriedes ald herrn Egges tot« (*Kayser* S. 14).

Wie kein anderes ist das »Jüngere Hildebrandslied« geeignet aufzuzeigen, was das Heldenlied von der Volksballade unterscheidet. Die frappierendste stoffliche und gehaltliche Umwandlung ist die Änderung des Schlusses: Ein happy end mit Wiedererkennung von Vater und Sohn ist an die Stelle des tragischen Ausgangs getreten. Damit war der Gehalt des alten Liedes auch gänzlich aufgegeben. Für das Publikum der Volksballade war eine Notwendigkeit des

Kampfes zwischen Familienmitgliedern, die keinen individuellen Konflikt ausfochten, nicht mehr nötig. Die Gefolgschaftsehre und der große Konflikt zwischen zwei Prinzipien waren einem bürgerlichen Publikum auch gänzlich unverständlich geworden. So enthält schon die Wechselrede zwischen Vater und Sohn und vor allem der anschließende Zweikampf schwankhafte Elemente. Das Familienidyll wird vollständig durch die fröhliche Heimkehr der Helden zu Frau Ute. Hier wird noch das oft wiederkehrende Ringmotiv als Symbol der Wiedererkennung mit eingefügt. So sind letzten Endes aus dem tragischen Heldenlied nur die noch bekannten Namen übernommen und das weit verbreitete Hauptmotiv der Begegnung von Vater und Sohn, die sich nicht erkennen. Die Elemente von Sensation, Rührung und Gemüthaftigkeit – Gestaltungsprinzipien, die später im Bänkelsang entscheidend sein sollten – sind schon hier spürbar. Stilistisch fällt auf, daß diese Endreimdichtung gegenüber dem konzentrierten Heldenlied in ihrem Umfang gewaltig angeschwollen ist, daß die Handlungsführung ihre Einsträngigkeit aufgibt zugunsten einer Vielzahl von anderen Motiven, die – oft sehr willkürlich – die Verbindung zu anderen Sagenstoffen herstellen. Diesen Übergang zur Episodenhaftigkeit hat man als novellistisches Element der Volksballade bezeichnet. Auch stofflich ergeben sich viele Querverbindungen von der Volksballade zur gleichzeitigen Novellendichtung.

Andere Volksballaden haben eine Beziehung zur adligen Welt des Rittertums und zum Minnesang. Das sogenannte Tagelied (Abschiedslied zweier Liebender im Morgengrauen nach einer unerlaubten Liebesnacht) ist eine feste Gattung innerhalb des Minnesangs. Es tendiert von sich aus zu balladischer Ausgestaltung. Eine Volksballade über den Abschied Ludwigs von Thüringen von Elisabeth ist bezeugt (1233), und der Wechselgesang zwischen Mann und Frau, Ritter und Dame, Herr und Magd, Knabe und Mägdlein gehört zu den festen Formbestandteilen der Volksballade. In »Der edle Moringer« bildet der Dialog zwischen dem Moringer, der für sieben Jahre ins Heilige Land zieht, und seiner Frau die Exposition für diese ungewöhnlich lange Ballade (40 siebenzeilige Strophen). Das Heimkehrmotiv ist hier mit dem Motiv der ehelichen Treue der Frau verbunden. Das Odysseus-Motiv ist sichtbar: Als unerkannter Pilger verhindert der Moringer zuletzt die Eheschließung seiner Frau mit dem von ihm bestellten Vormund; beide hatten ihn für tot gehalten. Eine direkte Verbindung zum Minnesang ist durch das Lied gegeben, das der noch unerkannte Moringer quasi als Wiedererkennungszeichen singt: Es handelt sich um ein Zitat eines Liedes von Walther von der Vogelweide (Lachmann ed. 73, 32).

Auch das Verfahren, die noch bekannten Minnesänger als Balladenhelden figurieren zu lassen, kommt häufiger vor. Heinrich von Morungen, der Held unserer Ballade, war ein bedeutender Minnesänger, ebenso Gottfried von Neiffen, sein Rivale in der Ballade. Auch in der Tannhäuserballade wird die Venusbergsage mit dem bayrisch-österreichischen Minnesänger Tannhäuser verknüpft. Die Ermordung des Minnesängers Reinmar von Brennenberg (1276) gab Gelegenheit, seinen Namen »Der Bremberger« mit dem verbreiteten Novellenstoff zu verknüpfen, in dem der eifersüchtige Gatte seiner Frau das Herz ihres Liebhabers zu essen gibt.

Diese grausame Volksballade leitet über zum Typus der »Mordgeschichten«, von denen die »Frau von Weißenburg« als die früheste angesehen wird. Manche Forscher sehen in diesem Typus – ein anderes Beispiel dafür ist »Degener und Lussewinde« – die ersten Volksballaden im eigentlichen Sinne, während jene Volksballaden, die Heldensagenstoffe behandeln, populäre Kunstlieder seien und auch die Volksballaden, die sich auf Minnesänger beziehen, für ein exklusives städtisches Patriziat gedichtet wären (*Hruby* S. 23). Die »Frau von Weißenburg« behandelt keinen Sagenstoff und keinen Novellenstoff, sondern ihr Kern ist eine in Chroniken überlieferte Mordgeschichte. Danach wurde 1085 der Pfalzgraf Friedrich von Goseck auf der Jagd ermordet, und seine Witwe heiratete Ludwig den Springer von Thüringen, der für die Ermordung Friedrichs verantwortlich gewesen sein soll. Das Lied ist etwa 150 Jahre später entstanden. Aus diesem zeitlichen Abstand ist verständlich, daß inzwischen die Sage den Mordfall gänzlich umgeformt hatte, der Name des Ermordeten steht hier für den Mörder und umgekehrt. Man könnte sagen, daß hier eine erste Moritat (Bänkelsang) vorliegt. Die moralische Nutzanwendung in manchen Fassungen mag freilich späterer Zusatz sein. Gerade den älteren Volksballaden ist sonst eine »großartige Grausamkeit« (Kayser) eigen, die nicht nach den Gefühlen der Betroffenen fragt und schon gar nicht nach moralischer Bewertung. Die Volksballade geht freilich auch umgekehrt vor. Einem Sagen- oder Novellenstoff werden erst nachher bekannte Namen eingesetzt, um der Ballade den »Schein der Realität« (*Kayser* S. 26) zu geben (Minnesängerballaden). Auch die Ortsangaben dienen dem gleichen Zweck; Jahreszahlen dagegen fehlen, um den Hörer glauben zu machen, die Geschichte habe sich erst in jüngerer Vergangenheit, quasi in der Gegenwart zugetragen.

Die Volksballade hatte ihre Blütezeit im 15./16. Jh. In dieser »Jüngeren Volksballade« treten nun zunehmend Bürger und Bauern an die Stelle von adligen Helden, der soziologische Wandel wird auch am Wechsel des Handlungsorts deutlich. Sie spielen nicht mehr

»auf Schlössern und Burgen unter Rittern und Adligen, sondern im Wirtshaus, auf der Landstraße bei den niederen Schichten« (*Kayser* S. 48). Es ist eine Tendenz zur lyrischen Verkürzung gegenüber den z. T. breit episch ausmalenden älteren Volksballaden festzustellen, wodurch freilich auch der Verzicht auf Exposition oder Kausalität im Handlungsablauf gegeben ist.

Im 16. Jh. entstanden dann auch neue Gattungen des erzählenden Liedes, das sogenannte Historische Lied (vgl. II, 3) und das Zeitungslied. Vor allem die letztere Unterart ist im Zusammenhang mit dem Buchdruck zu sehen und mit der Möglichkeit, Nachrichten schneller zu verbreiten. Die Zeitungslieder, die auf fliegenden Blättern vertrieben wurden, sind gereimte Gedichte auf Zeitereignisse. Sie wurden von Zeitungssängern vorgetragen und verkauft. Historische Lieder und Zeitungslieder sind im einzelnen nicht immer genau zu unterscheiden: Beide konnten durchaus zu Volksballaden werden, wenn sie die individuelle Bindung an ein bestimmtes Zeitereignis verloren und wenn sie eine einigermaßen geschlossene Handlung aufwiesen.

Während im 15. und 16. Jh. noch alle Bevölkerungsschichten an den verschiedenen Gattungen des erzählenden Liedes teilhatten, wandten sich die gebildeten Schichten im 17. und 18. Jh. neuer, anspruchsvoller, gelehrter Literatur zu. In den unteren Schichten dagegen lebten die Volksballaden bis in unser Jahrhundert weiter. Dem gebildeten Publikum wurden Volksballaden erstmals wieder in Friedrich Nicolais »Kleynem feynem Almanach« (1777) und nachhaltig in Achim von Arnims und Clemens Brentanos »Des Knaben Wunderhorn« zugänglich gemacht.

Das 17. Jh. hat dagegen eine entsprechende Literatur – nun vorwiegend für das niedere Volk – weiterentwickelt: den Bänkelsang. Der Bänkelsang (der Begriff Bänkleinsänger wurde 1709 erstmals erwähnt) ist seinem Wesen nach nichts anderes als das Zeitungslied. Auf bestimmte Ereignisse wie Unglücksfälle und Verbrechen werden Lieder gemacht, die die Sänger auf Jahrmärkten und Messen auf einer Bank stehend vortragen und dazu Bilder zeigen. Diese Lieder kann der Hörer auf fliegenden Blättern erwerben. Da Autoren, Drucker und Sänger, kurz ein ganzer Wirtschaftszweig, an diesen Druckerzeugnissen verdienen müssen, folgt die Herstellung und der Vertrieb dieser Ware den Marktgesetzen, und im Bänkelsang zeigen sich wohl zum ersten Mal die Gesetzmäßigkeiten massenhaft hergestellter Literatur.

Literatur:
Volksballade

Bausinger, H.: Formen d. Volkspoesie. 1968
Beyer, P.: D. nord. Frauenbild i. d. dt. Volksb. (Dichtg. u. Volkstum 37) 1936

Brednich, R. W. u.a. (Hrsg.): Handbuch des Volksliedes. Band 1: Die Gattungen des Volksliedes. München 1973

ders.: Schwankballade. In: Handbuch des Volksliedes. hg. v. R. W. B. u.a., Bd. I. München 1973, S.157−203

ders.: Artikel »Ballade«. In: Enzyklopädie des Märchens. Kurt Ranke (Hg.). Bd. 1. Berlin-New York 1977, Sp.1150−1170

ders.: Artikel »Volksballade«. In: Reallexikon der deutschen Literaturgeschichte, hg. v. Mohr/Kohlschmidt, Bd.4. Berlin-New York 2. Auflage 1982, S.723−734

Brinkmann, R.: Zur Frage d. »Zersingens« bei d. spätmittelalterlichen Volksballade. In: ZfdPh, Bd.76, 1957

Brednich, R. W./Röhrich, L. (Hrsg.): Deutsche Volksballaden. 2 Bde. 1972

Daur, A.: Das alte Volkslied nach seinen festen Ausdrucksformen betrachtet. 1909

Engelke, M.: Strukturen dt. Volksbn. Hbg. Diss. (Masch.) 1961

Entwistle, W. J.: European Ballady, Oxford 1951²

Erk-Böhme (Hrsg.): Deutscher Liederhort. 3 Bde. 1893/94

Fromm, H.: Das Heldenzeitlied d. dt. Hochmittelalters. In: Neuph. Mitt. 62, 1961

Fromm, H.: Heldenlied u. Volksb. In: Wege zum Gedicht Bd.II, S.101−115

Heusler, A.: Über d. Balladendichtung d. Spätmittelalters. In: GRM, X, 1922, S.16−31

Hinck, W.: Volksballade-Kunstballade-Bänkelsang. In: Weltlit. u. Volkslit. Probleme u. Gestalten. 1972

Holzapfel, O.: Zum »Schloß in Österreich« In: Grimm: Interpretationen, S.40−59

Hrouby, A.: Zur Entstehungsgeschichte d. ältesten dt. B. In: orbis litt. VII (1949), S.1−30

Ittenbach, M.: Von d. Sprachkunst d. dt. Volksballade. In: Geistige Arbeit. Jg. 1938, S.3/4.

Naumann, H.: Volksballade. In: RL I [mit Bibliographie]

Meid, V.: Glückliche Heimkehr. Zur Ballade vom alten Hildbrand. In: Grimm, Interpretationen, S.29−38

Meier, J.: Bn. 2 Bde. (Unveränd. reprograf. Nachdr. d. Ausg. Leipzig 1935/36) 1964

Olrik, A.: Epische Gesetze d. Volksdichtung. In: Zeitschr. f. dt. Altertum 51. 1909

Peukert, H.: D. Funktion d. Formel im Volkslied. In: Poetics, Poetyka, Poetika, S.525−536

Pflüger-Bouillon, E. (Hg.): Probleme der Volksballadenforschung. Darmstadt 1975

Pound, L.: Poetic Origins of the Ballad. New York 1921

Röhrich, L.: Sagenballade. In: Handbuch des Volksliedes, hg. v. R. W. Brednich, u.a., Bd. I. München 1973, S.101−156

Schäfer, G.: Stilformen alter dt. B. Diss. Tübingen 1947

Schmidt, W.: Gemeinsame Themen deutscher, englischer u. schottischer Volksb. In: Die neueren Sprachen 47, 1939

Schneider, H.: Ursprung u. Alter d. dt. Volksb. In: Vom Werden d. Geistes. FS f. G. Ehrismann, 1925

Seemann, E.: Die europäische Volksballade. In: Handbuch d. Volksliedes. Bd. 1 Hrg. v. W. Brednich u. a. 1973

Sirovátka, O.: Stoff und Gattung – Volksballade und Volkserzählung. In: Fabula 9 (1967), S. 161–168

Strobach, H.: Zur sozialen Funktion von Balladen. In: Sumlen Arsbok för vis och folksmusikforsking. Stockholm 1986, S. 9–18

Voigt, V.: Gibt es in der Volksballade einen gesellschaftlichen Konflikt? In: Lares. Rivista trimestrale die Studi demo-etno-anthropolici diretta. Florenz 1981, S. 171–189

Würzbach, N.: Figuren, Raum und Zeit in der klassischen Volksballade. Jb. f. Volksliedforschung 30. 1985, S. 43–53

dies.: Überlegungen zu einer kontextorientierten Gattungsbeschreibung der Ballade. Jb. f. Volksliedforschung 1984, S. 112–116

Historisches Lied:

Reuschel, K.: Historisches Lied. In: RL I (mit Bibliographie)

Seemann, E.: Historisches Lied. In: RL II (mit Bibliographie)
weitere Literatur, vgl. II, 3

Bänkelsang:

Braungart, W. (Hrsg.): Bänkelsang. Texte-Bilder-Kommentare. Stuttgart 1985. (mit Bibliographie)

Petzold, L.: Bänkelsang. 1974 (mit Bibliographie)

Petzold, L.: Bänkelsang. In: Handbuch des Volksliedes. Bd. I. München 1973, S. 235–291

Ders.: Bänkelsang. Vom hist. Bänkelsang zum literarischen Chanson. Stuttgart 1974

Ders. (Hg.): Deutsche Sagen. Stuttgart 1977

Ders. (Hg.): Die freudlose Muse. Texte, Lieder und Bilder zum historischen Bänkelsang. Stuttgart 1978

Riedel, K. V.: Der Bänkelsang. Wesen und Funktion einer volkstümlichen Kunst. Hamburg 1963

Seemann, E.: Bänkelsang. In: RL II (mit Bibliographie)

3. Die Entstehung der neueren deutschen Kunstballade

Unbestreitbar ist die Entstehung der deutschen Kunstballade mit dem Namen *Bürgers* verknüpft, genauer mit dem Entstehungsjahr der Ballade »Lenore« 1773. Diese Ballade hat nicht nur den Ruhm ihres Autors für viele spätere Generationen als erstem Balladendichter begründet, sondern die Wirkung der »Lenore« war in ganz Europa derart ungeheuer, daß von ihr her die Einbürgerung dieser neuen Gattung in den verschiedenen Nationalliteraturen wesentlich bestimmt wurde (»Lenore like wildfire swept across Europe, from Scotland to Poland and Russia, from Scandinavia to Italy [...] H.-J. G. Robertson, zit. nach *Müller-Seidel* S. 35). Diese Wirkung ist keineswegs nur aus der »Lenore« selbst zu erklären, sondern daraus, daß sie im Schnittpunkt vieler konvergierender Linien einer europäischen geistigen Neuorientierung steht, die man geistesgeschichtlich durch den Begriff des Irrationalismus umschreibt und die mit Namen wie Young, Shaftesbury, Hamann und Herder verknüpft ist, literaturgeschichtlich enger auf Deutschland bezogen, mit dem Begriff des »Sturm und Drang«. In dem umfassenden anthropologischen Neuansatz Herders wird die Natur des Menschen, seine geistigen Äußerungen, seine Sprache und Literatur neu gesehen, und die Zielsetzung, den Menschen zu seinen natürlichen Quellen und Gegebenheiten zurückzuführen, führt auch zu einem Literaturbegriff, der revolutionär die Volksdichtung als eigentliche Naturdichtung ins Zentrum rückt.

Wegen dieses umfassenden Zusammenhangs ist gerade auch die Entstehung der Kunstballade seit schon über hundert Jahren ein Forschungsgebiet, das mit den unterschiedlichsten Zielsetzungen und Methoden (geistesgeschichtlichen, stilgeschichtlichen und sozialgeschichtlichen Methoden) untersucht wurde. Für die literaturgeschichtliche Forschung im engeren Sinne erhob sich die Frage, aus welchen Wurzeln die Kunstballade entstanden ist, in welchem Umfang fremde Einflüsse, wie etwa die Rezeption der spanischen Kunstromanze vor allem durch Gleim oder die Bekanntheit mit der englisch-schottischen Ballade verantwortlich wäre, und in welchem Umfang eigene Traditionen wie der Bänkelsang oder die Bekanntheit mit dem deutschen Volkslied vorauszusetzen sei. Schließlich wurden neben Bürger noch zwei andere Dichter als eigentliche Begründer der Kunstballade aufs Schild gehoben: Gleim und Hölty.

Gleim ist der erste gewesen, der durch den Rückgriff auf vergangene, volkstümliche oder »niedere« Literaturmuster die hohe Literatur befruchten wollte. Ihm wird eine besondere Begabung nachgesagt, mit großer Geschwindigkeit verschiedene Formen der Literatur zu adaptieren und auszunützen. 1744 hatte er noch, ein Meister der anakreontischen Formen, »Scherzhafte Lieder« herausgegeben, in denen es ihm darauf ankam, auf geistreiche Weise nichtige Gedanken leicht zu versifizieren. Weniger glücklich fühlte er sich in dem Wunsch, auch erzählende Gedichte zu schreiben. Hier kam ihm der Einfall zu Hilfe, den volkstümlichen Bänkelsang zu imitieren. Das Verdikt Gottscheds mag für ihn ein zusätzlicher Reiz gewesen sein. »Der neue Jonas« aus dem Jahre 1746 ist Gleims erster Versuch, eine Bänkelsängerballade zu schreiben, eine »Mordgeschichte«. Dieses Bänkellied wurde 1756 zusammen mit zwei anderen unter dem Titel »Romanzen« von Gleim veröffentlicht. Der Titel »Romanze« stammte aus der spanisch-französischen Literatur, zwei der Romanzen sind Bearbeitungen des Franzosen Moncrif (1687–1770). Berühmt davon wurde die »Marianne«. Sie hatte bei Moncrif den Titel gehabt »Les constantes amours d'Alix et d'Alexis«. Nun lag schon in der Gattung der spanischen Romanze an sich ein volkstümliches Element, und Moncrif, der von dem Hauptvertreter dieser Gattung, von Gongora (1561–1627) abhängig ist, hat zudem noch das parodistische Element verstärkt. Gleim versucht jetzt, die Romanze dem heimischen Bänkelsang anzugleichen. Der volle Titel der »Marianne« lautet nun bänkelsängerisch: »Traurige und betrübte Folgen der schändlichen Eifersucht wie auch heilsamer Unterricht, daß Eltern, die ihre Kinder lieben, sie zu keiner Heirat zwingen, sondern ihnen ihren freien Willen lassen sollen, enthalten in der Geschichte Isaac Veltens, der sich am 11ten April 1756 zu Berlin eigenhändig umgebracht, nachdem er seine getreue Ehegattin Marianne und derselben unschuldigen Liebhaber jämmerlich ermordet«. Keimhaft ist in der »Marianne« das Wiedergängermotiv enthalten (Velten bringt sich um, nachdem ihm nachts die ermordete Gattin erschienen war), das für die Entstehung der Kunstballade von entscheidender Bedeutung wird: die ersten Kunstballaden werden Geisterballaden sein. Damit ist dem »Wunderbaren«, das Breitinger in seiner »Kritischen Dichtkunst« (1740) im Bereich der Dichtung gestattet hatte, eine wichtige Stelle eingeräumt worden. Freilich ist es bis heute umstritten, wie ernst es Gleim mit der ganzen Gattung gemeint hat. Dagegen, daß er den Bänkelsang ausschließlich als Parodie, als literarisches Spiel hat auffassen wollen, spricht die Tatsache, daß er in aufklärerisch-pädagogischer Absicht versuchte, mit seinen Romanzen den Bänkelsang zu veredeln: »Je öfter dieser Versuch von den rühmlichen Virtuosen mit Stäben in der Hand künftig gesungen wird, desto mehr wird der Verfasser glauben, daß er die rechte Sprache dieser Dichtart getroffen habe.« Wäre das der Beweis für die Echtheit seiner Imitation, oder ist das echt aufklärerisch-pädagogische Absicht, den Bänkelsang zu veredeln? Ganz auszumachen ist das heute nicht mehr. Viele von Gleims Zeitgenossen haben die Romanzen nach Moncrif und später die Übertragungen der Romanzen Gongoras parodistisch verstanden, jedenfalls begründete er mit ihnen die Gattung der »Komischen Romanze«, die Mendelssohn wenig später als »abenteuerliches Wunderbare, mit einer possierlichen Traurigkeit erzählt« definierte. Die »Komische Romanze« sollte in den nächsten dreißig Jahren vor allem im Singspiel zu einer der beliebtesten Gattungen werden: Komische Romanzen dichten Johann

Friedrich von Croneck, Christian Felix Weiße, Johann Friedrich Löwen, Erich Raspe, Daniel Schiebeler, Goethe und viele andere. Freilich wurden diese Romanzen vor allem wegen der Distanzhaltung der Autoren kritisiert: Der Romanzendichter sieht sich bewußt in Distanz zu den volkstümlichen Formen, die er benützt, und er setzt im Grunde den Gebildeten voraus, der mit dem Autor über den Gegenstand lächeln kann. Emil Staiger hat gezeigt, wie gerade die Aufgabe dieser letzten Endes rationalistischen Distanzhaltung zugunsten einer vorbehaltlosen Hingabe an den Stoff Voraussetzung für die Entstehung der Kunstballade wurde. Trotzdem hat Herder noch 1777 Gleim gerade im Hinblick auf die »Marianne« als den »ersten und einzigen Volksdichter« in Deutschland begrüßt.

Inzwischen waren von England entscheidende Anstöße für die Entwicklung der Kunstballade gekommen, und zwar durch den ab 1760 erschienenen »Ossian« Macpershons und Percys 1765 erschienene »Reliques of Ancient Poetry«. Beim »Ossian« handelt es sich um eine erst 1805 aufgeklärte Fälschung: Macpershons »Übersetzungen« der Gedichte des sagenhaften Barden Ossians aus der gälischen Heldendichtung waren freie Erfindung. Die Thematik, Heldenlieder aus der grauen Vorzeit, und die Darbietung – die balladeske Unverbundenheit von Einzelepisoden in rhythmischer Prosa – und schließlich die Szenerie, die Berglandschaft, die eine düstere Stimmung erzeugen soll, alles das entspricht den Idealen der Zeit von der Volkspoesie. Gerade Herders »Briefwechsel über Ossian« beweist das; der Ossian wird geradezu zur Grundlage für seine Theorie der Volksdichtung. Bei den »Reliques of Ancient Poetry« dagegen handelt es sich um eine Sammlung von englischen Volksballaden, Verserzählungen, Liedern und Gedichten ab dem 15. Jh. Diese Sammlung wurde in Deutschland erstaunlich schnell bekannt. Raspe hat schon 1765 in einer Rezension auf die englisch-schottischen Balladen als Vorbilder für die deutsche Romanzenproduktion hingewiesen. Die Deutschen sollten aus dieser Sammlung die »wahre Würde und Natur der Romanze verehren und kennen lernen, und wenn sie selbst Romanzen schreiben wollen, sich diese lieber als die traurigen Mordgeschichten unserer Bänkelsänger zu Mustern wählen« (zit. n. *Kayser* S. 78). Percys Sammlung wirkte in Deutschland auf die Theorie von der Volksdichtung (Herder), löste eine Sammlertätigkeit aus nach einheimischen Volksliedern (Goethe, Herder) und war auch von unmittelbarem Einfluß auf die Produktion, und zwar besonders im Hainbund: Bei *Hölty* ist am frühesten die Kenntnis Percys nachzuweisen. Zwei Balladen hat Hölty dem Göttinger Hain vorgetragen, die den Balladen »Fair Margaret and Sweet William« und »Margaret's Ghost« aus dem Percy nahe-

stehen: »Adelstan und Röschen« (1771) und »Die Nonne« (1773).
Wegen dieser Balladen hat W. Kayser Hölty zum eigentlichen Begründer der neueren Kunstballade umwerten wollen. Richtiger ist es
wahrscheinlich, Hölty in einer Art Mittelstellung zwischen Gleim
und Bürger zu sehen. In »Adelstan und Röschen (»Ebentheuer von
einem Ritter, der sich in ein Mädchen verliebt, und wie sich der Ritter umbrachte«) weist noch vieles auf die komische Romanze, dafür
spricht auch das Zeitgewand der Requisiten und die Sprache der
Anakreontik (»Hirtenstab«, »Busenband«) und die Hofkritik des
18. Jh.s (»Redoutentanz«, »Kanapee«). Vorherrschend ist allerdings
der von Hölty so meisterhaft gekonnte Ton der Elegie – die Klage
über den Tod des einfachen Dorfmädchens –, der der Empfindsamkeit eigen ist. Ein durchgreifender »Stilwandel« (Staiger) ist eher in
der zwei Jahre später entstandenen Ballade »Die Nonne« zu spüren.
Hier ist in der maßlosen Rache der verlassenen Nonne die Verwandtschaft zu Bürgers »Lenore« sichtbar. Hölty steht diesen beiden Balladen allerdings distanziert gegenüber. Schon zum Gespen-
sterstoff nimmt er eine Haltung ein, die nicht ganz frei ist von Ironie.
Miller berichtet, Hölty habe das Gespenstermäßige geliebt. Weil jedoch keine Gespenster kamen, »schlich er sich selbst einmal bei
Nacht auf den Kirchhof und erschreckte die Bauern« (zit. n. *Kayser*
S. 86). Auch in den Balladen ist die Distanzhaltung gewahrt: »Ihr
Geist soll, wie die Sagen gehen, in dieser Kirche weilen«, heißt es in
der »Nonne«. Schließlich erkannte er trotz allen Lobes, daß diese
Art von Balladen seinem eigentlichen Talent nicht entsprachen. 1774
schrieb er an Voß:

»Ich soll mehr Balladen machen? Vielleicht mache ich einige, es werden
aber sehr wenige sein. Mir kommt ein Balladensänger wie ein Harlekin oder
ein Mensch mit einem Raritätenkasten vor. Den größten Hang habe ich zur
ländlichen Poesie und zu süßen melancholischen Schwärmereien in Gedichten. An diesen nimmt mein Herz den meisten Anteil« (zit. n. *Staiger*
S. 88).

Im selben Jahr wie die »Nonne« ist *Bürgers* »Lenore« entstanden:
Bürger sah sich ausgesprochenermaßen im Wettstreit zu Hölty:
»Nun hab ich eine rührende Romanze in der Mache, darüber soll
sich Hölty aufhängen«.

Über die Entstehung der »Lenore« (April–September 1773) sind wir so gut
unterrichtet wie über kaum eine andere Dichtung, weil Bürger fast täglich
seinen Freunden (Boie, Cramer) Bericht erstattet, und seine Freunde haben
ihrerseits Anteil genommen, indem sie den Verfasser bis in einzelne Verse
hinein zu Änderungen anregten. Während der Entstehung berichtet Bürger,
daß er Herders »Briefwechsel über Ossian und die Lieder alter Völker« gele-

sen habe (18. 6.): die »Lenore« solle »Herders Lehre einigermaßen entsprechen«. Im Juni fühlt er sich durch die Begegnung mit Goethes »Götz von Berlichingen« – gerade auch zu Goethe sieht sich Bürger in Konkurrenz – zu drei neuen Strophen (der Totenritt) angeregt. Durch Herders »Briefwechsel« klärten sich Bürgers Begriffe von der Volkspoesie, weil »Herder eben das von der Lyrik des Volks und mithin der Natur deutlicher und bestimmter lehrte, was ich dunkel davon schon längst gedacht und empfunden hatte.«

Seine eigenen Theorien der Volkspoesie hat Bürger drei Jahre später als »Herzensausguß über Volkspoesie« in »Aus Daniel Wunderlichs Buch« veröffentlicht. Herders Theorien von der Volkspoesie stehen im Zusammenhang mit seiner Sprachtheorie (»Abhandlung über den Ursprung der Sprache« 1772), die zugleich eine umfassende Kulturanthropologie ist. (»Kritische Wälder« 1769, »Vom Erkennen und Empfinden der menschlichen Seele« 1778.) (Auf den umfassenden Zusammenhang von Herders Theorie der Volkspoesie mit seiner Kulturanthropologie hat zuletzt Gerolf Fritsch hingewiesen.)

Herders Gedanken in jenen Schriften kreisen um das eine Thema: die Wiederherstellung des Menschen in seiner ursprünglichen Totalität. Ebenso wie im natürlichen Menschen im Urzustand Denken und Fühlen noch eine Einheit bildeten, so ist die Volkspoesie – das ist für Herder die Sprache des ursprünglichen Menschen – »Muster humaner Existenz« (zit. nach *Fritsch* S. 12): »Je minder die Seelenkräfte noch entwickelt und jede zu einer eignen Sphäre abgerichtet ist, desto stärker würken alle zusammen, desto inniger ist der Mittelpunkt ihrer Intensität« (zit. nach *Fritsch* S. 12). Zum gleichen Thema heißt es in der Einleitung zum »Ossian-Aufsatz:

»je wilder, d. i. je lebendiger, je freiwürkender ein Volk ist (denn mehr heißt dies Wort doch nicht!) desto wilder, d. i. desto lebendiger, freier, sinnlicher, lyrisch handelnder müssen auch, wenn es Lieder hat, seine Lieder sein! Je entfernter von künstlicher, wissenschaftlicher Denkart, Sprache und Letternart das Volk ist, desto weniger müssen auch seine Lieder fürs Papier gemacht und tote Letternverse sein: vom Lyrischen, vom Lebendigen und gleichsam Tanzmäßigen des Gesanges, von lebendiger Gegenwart der Bilder, vom Zusammenhange und gleichsam Notdrange des Inhalts, der Empfindungen, von Symmetrie der Worte, der Silben, bei manchen sogar der Buchstaben, vom Gange der Melodie und von hundert andern Sachen, die zur lebendigen Welt, zum Spruch – und Nationalliede gehören und mit diesem verschwinden – davon, und davon allein hängt das Wesen, der Zweck, die ganze wundertätige Kraft ab, die diese Lieder haben; die Entzückung, die Triebfeder, der ewige Erb- und Lustgesang des Volks zu sein. Das sind die Pfeile dieses wilden Apollo, womit er Herzen durchbohrt, und woran er Seelen und Gedächtnisse heftet. Je länger ein Lied dauern soll, desto stärker, desto sinnlicher müssen diese Seelenerwecker sein, daß sie der Macht der Zeit und den Veränderungen der Jahrhunderte trotzen.«

Was Herder an den Liedern der alten Völker oder der Naturvölker beobachtet, wird für Bürger in seinen »Herzensausgießungen« zu ästhetischen Kriterien für die Dichtung der Gegenwart. (Das hat Herder selbst ausdrücklich abgelehnt im Nachwort zum 4. Teil.) Bürgers ästhetisches Glaubensbekenntnis läßt sich mit dem Stichwort »Popularität« bezeichnen: Die »gelehrte Poesie«, die »Versmacherkunst« will er durch die Volkspoesie ersetzt sehen: die Produkte der Poesie »wünscht' ich insgesamt volksmäßig zu machen«. Dabei ist ihm vor allem die lyrische und episch-lyrische Gattung, d. h. die Ballade, wichtig. Das den Dichtern der Gegenwart empfohlene »Buch der Natur« ist nichts anderes als das Studium des Volks und seiner Volkslieder: »Man lerne das Volk im ganzen kennen, man erkundige seine Phantasie und Fühlbarkeit«. Die Volkslieder sind »sowohl in Phantasie als in Empfindung wahre Ausgüsse einheimischer Natur«:

»In jener Absicht hat öfters mein Ohr in der Abenddämmerung dem Zauberschalle der Balladen und Gassenhauer unter den Linden des Dorfs, auf der Bleiche und in den Spinnstuben gelauscht. Selten ist mir ein sogenanntes Stückchen zu unsinnig und albern gewesen, das nicht wenigstens etwas, und sollt' es auch nur ein Pinselstrich des magisch rostigen Kolorits gewesen sein, poetisch mich erbauet hätte. Gar herrlich und schier ganz allein läßt sich hieraus der Vortrag der Ballade und Romanze oder der lyrischen und episch-lyrischen Dichtart – denn beides ist eins! und alles Lyrische und Episch-Lyrische sollte Ballade oder Volkslied sein! – gar herrlich, sag' ich, läßt er sich hieraus erlernen.«

Mit seiner »volksmäßigen Literatur« verfolgt Bürger ein ehrgeiziges Ziel. Nichts Geringeres will er erreichen, als alle Bevölkerungsschichten gleichmäßig anzusprechen und damit die Literatur aus ihrem Gefangenendasein herauszuführen, die sonst nur auf ein kleines gebildetes Publikum wirken konnte. Wer seine Lehren befolgt, dem verspricht er, »daß sein Gesang den verfeinerten Weisen ebensosehr als den rohen Bewohner des Waldes, die Dame am Putztisch wie die Tochter der Natur hinter dem Spinnrocken und auf der Bleiche entzücken werden. Dies sei das echte Nonplusultra aller Poesie!«

Dem Ruf nach einem deutschen Percy, den nach Raspe 1766 hier auch Bürger anstimmt, folgt als Sammler zunächst *Herder* mit seiner 1773 begonnenen, 1777/78 abgeschlossenen Sammlung »Volkslieder«. Mit diesen Liedern, die ab 1807 unter dem Titel »Stimmen der Völker in Liedern« erscheinen, steckt Herder einen weiten gesamteuropäischen Rahmen (einzelne Lieder führen noch über Europa hinaus). Sie kann als eines der ersten Produkte vergleichender Literaturwissenschaft gelten und gibt dem erwachenden Nationalbewußtsein der europäischen Völker, den slawischen zumal, entscheidende Impulse. Wie Percys so ist auch Herders Begriff der Volkspoesie weit. Unter »Volksliedern« (dem englischen popularsong nachgebildet) versteht er Lieder, die im Gegensatz zu Kunstdichtungen jedermann verständlich und singbar sind, ohne daß er der für die spätere Volksliedforschung so wichtigen Verfasserfrage Beachtung schenkt. Unter den 162 Liedern stehen neben altnordischen Liedern, Balladen, spanischen Romanzen auch Auszüge aus Shakespeares Dramen, auch das »Abendlied« des Claudius, Goethes »Heideröslein«.

Unter Herders Übersetzungen finden sich Balladen, die für die späteren Auffassungen von der Ballade, von ihren Gehalten und Strukturen, in Deutschland von außerordentlicher Wirkung werden sollten, wie die aus dem Altschottischen stammenden Balladen »Edward« und »Wilhelms Geist« und die aus dem Dänischen stammende Ballade »Erlkönigs Tochter«.

Die Percysche Ballade »Sweet Williams Ghost«, die Bürger in der Herderschen Übersetzung kennenlernte, hat die »Lenore« ebenso beeinflußt wie Höltys »Adelstan und Röschen«. Daneben ist eine Vielzahl von anderen Vorbildern sichtbar wie in den Eingangsstrophen der »Lenore« die Romanze »Der schöne Bräutigam« von Gongora (P. *Beyer* S. 30), in denen die kleine Doris ähnlich wie Lenore vergeblich auf die Heimkehr ihres Bräutigams aus dem Kriege wartet. Das niederdeutsche »Spinnstubenlied«, das Bürger von einem »Hausmädchen« gehört hat, regte ihn wohl vor allem zu dem Wechselgespräch zwischen Wilhelm und Lenore an, in dem Wilhelm wiederholt fragt, ob es Lenore nicht grause. Was die Gestaltung angeht, so ist wohl auch der Bänkelsang von entscheidender Bedeutung gewesen, wie Erwin Sternitzke in »Der stilisierte Bänkelsang« nachgewiesen hat. Dazu gehört hauptsächlich die moralisierende Schlußstrophe – die freilich sehr verschieden interpretiert worden ist –, die den Tod Lenores als »Strafe der göttlichen Vorsehung« verlangt (L. *Petzold* S. 98). Dazu gehört aber auch der dem Bänkelsang entlehnte geniale Kunstgriff Bürgers, die Gespensterhandlung aus der grauen Vorzeit mitten in die Gegenwart zu bringen. Der Siebenjährige Krieg ist für Bürgers Zeitgenossen noch lebendige Zeitgeschichte. (Die Balladen »Lenore« und »Des Pfarrers Tochter zu Taubenhain« wurden denn auch vielfach von Verlegern der Bänkelsängerhefte nachgedruckt und dem Bänkelsängerbrauch entsprechend, mit einem Prosatext versehen, der noch weitere aktualisierende Züge enthält. [*Petzold* S. 97])

Schließlich ist auch der Kirchengesang und die Bibel, angefangen von der Strophenform bis in das theologische Wechselgespräch zwischen Mutter und Tochter über die göttliche Vorsehung, für Bürger von entscheidender Bedeutung. Für Herder und für Bürger ist konsequenterweise auch das Kirchenlied eine unschätzbare Quelle der Volkspoesie, und es ist der Forschung gelungen, den Widerhall einer Fülle von Kirchenliedstrophen in einzelnen Wendungen der »Lenore« zu belegen *(Beyer, Schöffler, Schöne)*.

Für die Konstituierung des neuen Stiles der Volkspoesie hat für Bürger Herders im »Ossian-Briefwechsel« formuliertes Prinzip der »Sprünge und Würfe« die größte Bedeutung:

> »Alle Gesänge solcher wilden Völker weben um daseiende Gegenstände, Handlungen, Begebenheiten, um eine lebendige Welt! Wie reich und vielfach sind nun Umstände, gegenwärtige Züge, Teilvorfälle! Und alle hat das Auge gesehen! Die Seele stellet sie sich vor! Das setzt Sprünge und Würfe! es ist kein anderer Zusammenhang unter den Teilen des Gesanges als unter den Bäumen und Gebüschen im Walde, unter den Felsen und Grotten in der Einöde, als unter den Szenen der Begebenheiten selbst« (»Ossian« 57, zit. nach *Fritsch* 57 f.).

Sprünge und Würfe können auch als Synonyme gelten für die nicht rationale und nicht logische Darstellung, für den rhapsodischen Stil, für »Lebendigkeit«, »Unmittelbarkeit«, »Leidenschaftlichkeit« und »Volksmäßigkeit«. Von der Unmittelbarkeit als entscheidendem Stilmittel der Bürgerschen Balladen hat Müller-Seidel gesprochen; Staiger nennt Bürgers Sil einen »lyrischen Explosivstil«, Korff spricht von der »irrationalen Metrik« (I, 178), d. h. von einer »Rückkehr zur logisch noch weniger geregelten Naturform der Sprache, deren Wesen in der »Emanzipation von der abstrakten Logik und einer starken Verbindung mit der individuellen Psychologik« besteht. Die Regeln des Satzbaus sind zu Gunsten des Kriteriums der Lebendigkeit aufgehoben, die Ellipse ist hier das auffallendste Stilmittel. Die eingeschobene rhetorische Frage, der Dialog verhindern einen objektiv ablaufenden Erzählfluß. Die Wiederholung und Variation von einzelnen Versen, ja von ganzen Strophen dient der Steigerung. Die »Sprünge« zeigen sich auch in dem Wechsel von Erzählung und Dialog. »Lebendigkeit« sieht man auch in der Sprachgestaltung, in der auffallend gehäuften Lautmalerei des Totenritts, in der Vielzahl von Interjektionen, in der Alliteration. Die Volkstümlichkeit schließlich kommt in den vielen Formeln und volkstümlichen Vergleichen zum Ausdruck und in der von Herder ausdrücklich empfohlenen Elision.

Diese Unmittelbarkeit und Lebendigkeit der Gestaltung konnte der Dichter nur erreichen, indem er jede Distanzhaltung seinem Stoff gegenüber aufgab. Von Bürger wird berichtet, daß er »Gespenster und Spukereien« nicht bloß fürchtete, sondern »in gewissen Stunden« auch glaubte (*Kayser* S. 98).

Seinen Erfolg mit der »Lenore« hat Bürger nicht mehr übertreffen können, so hoch er auch selbst den »Wilden Jäger« einschätzte. Die Ballade »Des Pfarrers Tochter von Taubenhain« dagegen wird von manchen Kritikern als Bürgers beste Ballade angesehen (vgl. *Laufhütte* S. 49 f.) Bürger hat hier das Motiv der Kindsmörderin (vgl. II. 4) mit dem Gespenstermotiv gemischt. Wie sehr auch in den großen Balladen Bürgers Motive der Geistererscheinungen dominieren, so zeigt das Balladenwerk doch, daß Bürger keineswegs stofflich auf diesen Typ festgelegt war. Balladen wie »Die Kuh«, »Das Lied vom braven Mann«, »Die Weiber von Weinsberg« beweisen das. Die Einheit seines Balladenwerks ergibt sich eher vom Stilistischen her. Die an der »Lenore« erprobten Mittel hat er auch auf ganz verschiedene Stoffe angewandt, zu denen er zum Teil durch Percy (z. B. »Bruder Graurock und die Pilgerin«, »Graf Walter« usw.) angeregt war, zum Teil auch durch die Sammlung »Old Ballads« (1777), die Ballade »Die Kuh« durch die Ballade »Countryman's lamentation for the death of his cow« (*P. Holzhausen* S. 315).

Neben dem Kreis des Göttinger Hains zeigt sich vor allem *Goethe* von Herder in seiner Balladenproduktion beeinflußt, und wenn es um die zeitliche Priorität gehen soll, muß man ihn vor Bürger stellen. Vor allem hat Goethe im Gegensatz zu allen anderen die einheimische Volksballade selbst kennengelernt. Er selbst hat 1771 im Elsaß zwölf Balladen gesammelt, und zwar im Gegensatz zu Herder aus mündlicher Überlieferung zugleich mit den Melodien (z. B. das Lied vom Pfalzgrafen, vom eifersüchtigen Knaben, vom Lindenschmid, vom Herrn und der Magd, vom Jungen Grafen u. a.). Mehrere von ihnen hat Herder in seine Sammlung aufgenommen. Ähnlich wie bei seinem Freunde Jung-Stilling, dessen Romanzen in der Stimmung so echt empfundene Volksliedimitationen waren, daß selbst Goethe sie für echte Volkslieder hielt (E. *Leonhardt* S. 20), so haben die ersten eigenen Balladen Goethes einen mehr lyrischen, am Ton der Volksballade geschulten Stil, der sie von vornherein vom rhetorischen Balladenstil Bürgers und Schillers unterscheidet und der ihn in die Nähe der späteren Romantiker bringt. Das »Heidenröschen« zeigt gerade im Unterschied zu dem zwei Jahre später entstandenen anakreontischen »Veilchen« (1773/74) schon durch seinen Refrain die Nähe zum Volkslied. In der liedhaften Ballade »Der König in Thule« bezeugt sich das Erzählerische »eher als lyrische Gebärde des Erinnerns« (W. *Müller-Seidel* S. 39), und die Handlung ist auf eine Situation verkürzt, die wiederum nur durch das Symbol des Bechers Bedeutung gewinnt. Die Verdichtung der Handlung im Symbol trennt zugleich die Volksballade von der Ballade Goethes (S. *Steffensen* S. 133). In dem Fragment gebliebenen

»Der untreue Knabe« hat Goethe den Stil der von ihm selbst gefundenen Volksballade »Der eifersüchtige Knabe« nachzuahmen versucht.

Richtungsweisend wurden die späteren Balladen »Der Fischer« (1778) und »Erlkönig« (1782). Mit diesen beiden Balladen begründete Goethe einen neuen Balladentypus, den man als »naturmagische Ballade« [vgl. II, 2 a] bezeichnet hat. Die Ballade »Der Fischer« hat einen biographischen Hintergrund. Im Zusammenhang mit dem Tode Christiane von Laßbergs, die in der Ilm ertrunken war, spricht Goethe gegenüber der Frau von Stein vom magischen anziehenden Element des Wassers (Goethe. Hamb. Ausg. Bd. 1 S. 541). Manches im »Erlkönig« mag an die Szenerie der Bürgerschen Ballade erinnern – vor allem das Motiv des Ritts –, aber bei Goethe ist im Gegensatz zu Bürger das Geschehen entindividualisiert, es ist weder in der grauen Vorzeit noch in der Gegenwart lokalisiert und ist damit ausdrücklich zum symbolisch dargestellten allgemein menschlichen Vorgang erhoben.

Literatur:

Allgemein

Brüggemann, F.: Bänkelsang und Singspiel vor Goethe. In: Deutsche Literatur in Entwicklungsreihen. Aufklärung Bd. X. 1937

Döhl, R.: Bänkelsang und Dichtung – Dichtung und Bänkelsang. In: (*Ulrike Eichler* [Hg].): Bänkelsang und Moritat. Katalog zur Ausstellung der Staatsgalerie Stuttgart. Graphische Sammlung vom 14. Juni bis 24. August 1975, S. 64–81

Elschenbroich, A.: Anfänge einer Theorie der Ballade im Sturm und Drang. In: Jahrbuch des Freien Deutschen Hochstifts. 1982, S. 1–56

Falk, W.: Die Anfänge der dt. Kunstb. In: DVjs 44 (1970)

Fede, N. di: La ballata tedesca da Gleim a Schiller. Milano 1952

Fricke, G.: Göttinger Hain u. Göttinger B. 1937

Friedmann, A. B.: The Ballad Revival. Studies in the influence of popular on sophisticated poetry. Chicago Univ. Press. 1961

Holzhausen, P.: B. und Romanze von ihrem ersten Auftreten in d. dt. Kunstdichtung bis zu ihrer Ausbildung durch Bürger. In: ZfdPh. XV, 1883

von Klenze, C.: Die komischen Romanzen in Deutschland. Diss. Marburg 1891

Leonhardt, E.: Die mysteriöse B. in ihren Anfängen. Diss. Münster 1916

Lohre, H.: Von Percy zum Wunderhorn. Beiträge zur Volksliedforschung in Deutschland. 1902

Ohlischlaeger, M.: Die spanische Romanze in Deutschland. Diss. Freiburg 1936

Sternitzke, E.: Der stilisierte Bänkelsang. 1933

Trumpke, U.: Balladendichtung um 1770. Ihre soziale u. religiöse Thematik. 1975

Wagener, H. F.: Das Eindringen von Percys Reliques in Deutschland. Diss. Heidelberg 1897

Herder:

Clark, R. T.: Herder, Percy and the »Song of Songs«. In PMLA, Bd. 61, 1946

Fritsch, G.: Die dt. B. Ein literaturdidaktischer Kurs. 1976

Gilles, A.: Herder und Ossian. 1933

Herder, J. G.: Volkslieder. T. 1. 2. 1778. 1779. Unter dem Titel »Stimmen der Völker in Liedern« neu hrsg. v. J. v. Müller 1807

Hock, E.: Herder »Edward«. In: Wege zum Gedicht II S. 122–130

Kaiser, G.: Zu Johann Gottfried Herders »Edward«. In: Grimm: Interpretationen, S. 59–69

Schmidt-Hidding, W.: »Edward, Edward« in der Balladenwelt. In: Festschrift Theodor Spira. 1901, S. 100 ff

Siuts, H.: Herr Oluf. Herders Übersetzung eines dänischen Liedes und deren Wirkung auf die dt. Kunst- u. Volksdichtung. In: Festschrift von der Leyen. 1963

Bürger:

Barth, A.: Der Stil von G. A. Bürgers Lyrik. Diss. Marburg 1911

Beyer, P.: Die Begründung d. ernsten B. durch G. A. Bürger. 1905

Biehler, O.: Bürgers Lyrik im Lichte der Schillerschen Kritik. In: GRM 13, 1925

Blömker, F.: Das Verhältnis von Bürgers lyrischer und episch-lyrischer Dichtung zur englischen Literatur. Diss. Münster 1931

Dilthey, W.: Bürger und sein Kreis. In: W. D.: Die große Phantasiedichtung. 1954, S. 229–236

Fries, A.: Zu Bürgers Stil. In: Pädag. Archiv. 1907

Fluck, H.: Beiträge zu Bürgers Sprache und Stil, mit besonderer Berücksichtigung der Iliasübersetzung. Diss. Münster 1914

Gerdes, H.: Bürgers Lenore und das evangelische Gesangbuch. In: Muttersprache Bd 67, 1957, S. 78–84

Grimm, G.: Bestrafte Hybris? Zum Normenkonflikt in Gottfried August Bürgers »Lenore«. In: Grimm: Interpretationen, S. 77–92

Gundolf, F.: Lenore als Volkslied. In: Heidelberger Sitzungsberichte 1930

Holzhausen, P.: Die Ballade und Romanze von ihrem Auftreten in der deutschen Kunstdichtung bis zu ihrer Ausbildung durch Bürger. In ZfdPh 15 (1883) 140 ff

Janentzky, Ch.: Bürgers Ästhetik. 1909

Jensen, A.: Der Lenorenstoff in der westslawischen Kunstdichtung. In: Tschechische Revue I, 1907

Kaim, L.: Bürgers Lenore. In: Weimarer Beiträge II. 1956, S. 32–68

Kaim-Kloock, L.: G. A. Bürger. Zum Problem der Volkstümlichkeit in d. Lyrik. 1963

Kiesel, F.: Bürger als Balladendichter. 1907

Korff, H. A.: Geist der Goethezeit. 1953

Maury, B.: G. A. Bürger et les origines anglaises de la ballade littéraire en Allemagne. 1889

Peveling, A.: Bürgers Beziehungen zu Herder. Diss. Münster 1917

Schmidt, E.: Charakteristiken. 1902 S. 189–238

Schmidt-Kaspar, H.: Bürgers »Lenore«. In: Wege zum Gedicht II ²1968 S. 130–147

Schöffler, H.: Bürgers »Lenore«. In: Die Sammlung 11. H. 1. 1947 S. 6–11

Schöne, W.: Bürgers »Lenore«. In: Die dt. Lyrik, hrsg. B. v. Wiese, Bd. I, 1956, S. 190–210

Schröder, E.: Die Pfarrerstochter von Taubenhain. Stoff- und motivgeschichtliche Studien zur Volkskunde und Literaturwissenschaft. Diss. Kiel 1933

Staiger, E.: Zu Bürgers »Lenore«. Vom historischen Spiel zum Bekenntnis. In: Stilwandel. 1963

Stäuble, E.: Bürgers Lenore. In: DU 8 (1958). H. 2. S. 58–114

Wackernagel, W.: Zur Erklärung und Beurteilung von Bürgers Lenore. In: Kleinere Schriften, Bd. 2, 1873

Goethe:

Beutler, E.: »Der König in Thule« und die Dichtungen von der Lorelay, Goethe Schriften des Artemis-Verlags. I, Zürich 1947

Bräutigam, K.: Johann Wolfgang Goethe: Der Zauberlehrling. In: Die deutsche Ballade. Frankfurt 1963. S. 17–29

ders.: Johann Wolfgang Goethe: Der Totentanz. In: Ebda, S. 43–49

Bruckner, W.: Die Verwandlung. Eine neuentdeckte Faschingsballade aus Goethes Sturm- und Drangperiode. Wien 1964

Dunger, H.: Das Heidenröslein, eine Goethesche Dichtung oder ein Volkslied? In: Archiv für Literatur-Geschichte 10 (1881), S. 193–208

Ennemoser, M.: Goethes magische B. 1937

Feuerlicht, I.: Goethes früheste B. In: JEGPh, Bd. 48 S. 104–125

Goethe, W.: Werke. Hamburger Ausg. Bd. 1. Hrsg. E. Trunz [mit Bibliographie]

Gundolf, F.: Goethe. 1920

Heiske, W.: J. W. Goethe: Erlkönig. In: Die dt. B. Hrsg. K. Bräutigam ⁵1971

Hock, E.: Der künstlerische Aufbau von Goethes »Erlkönig«. In: ZfdU, Bd. 51

Horn, P.: Goethes »Erlenkönig«. In: Journal of Secondary Education. Vol. XLII (Waterloof, Pretoria) 1965 No 2. S. 14–19

Hirschenauer, R.: Goethe »Erlkönig«. In: »Wege zum Gedicht« S. 159–169

Kommerell, M.: Drei B. des jungen Goethe. In: Dt. Lyrik von Weckherlin bis Benn. Hrsg. J. Schillemeit, 1965

Merkelbach, V.: Goethes »Erlkönig« – museales Erbstück oder was sonst noch? Ästhetische, ideologische und didaktische Aspekte eines Balladen-Evergreens. In: Diskussion Deutsch 83/1985, S. 313–326

Ross, W.: Goethes »Es war ein König in Thule. In: Wege zum Gedicht II, S. 147–154
Ueding, G.: Vermählung mit der Natur. Zu Goethes »Erlkönig«. In: Grimm, 6.: Interpretationen, S. 93–108
Wittsach, W.: Zur Frage d. Klangform des Naturmagischen in Goethes »Erlkönig«. In: Wiss. Zeitschrift der Martin-Luther-Universität Halle-Wittenberg. Gesellschafts- und sprachwissenschaftliche Reihe. Jg. XI, 12, 62. S. 1773–1778
Zimmermann, W.: Goethes »Der Fischer«. In: R. Hirschenauer u. A. Weber (Hrsg.): Wege zum Gedicht II, S. 154–159

4. Die Ballade der Klassiker

Schiller hat in dem Brief an Goethe vom 22. 9. 1797 von ihrem »Balladenjahr« gesprochen. So läßt sich das Jahr ähnlich präzis für den Höhepunkt der klassischen Ballade angeben wie das Jahr 1773 für die Ballade des Sturm und Drang. Die Balladen Goethes und Schillers aus den Jahren 1797 und 1798 sind das Produkt ihrer Zusammenarbeit, sie sind zugleich auch der volkstümlichste Ausdruck ihrer gemeinsam entwickelten Kunstanschauungen, mit denen sie die Kunsttheorie der Klassik konstituierten. Die Briefe über epische und dramatische Dichtung bilden den Hintergrund für ihre Balladen.

In dem von Schiller herausgegebenen »Musenalmanach« stehen 1798 Goethes »Schatzgräber«, »Legende«, »Die Braut von Korinth«, »Der Gott und die Bajadere« und »Der Zauberlehrling« und Schillers »Der Ring des Polykrates«, »Der Handschuh«, »Ritter Toggenburg«, »Der Taucher«, »Die Kraniche des Ibykus« und »Der Gang nach dem Eisenhammer«. Im Almanach auf das Jahr 1799 stehen »Der Kampf mit dem Drachen« und »Die Bürgschaft«. 1801 entsteht »Hero und Leander«, 1802 »Kassandra«, 1803 »Der Graf von Habsburg«.

Schon 1791 hatte *Schiller* in einer berühmt gewordenen Rezension »Über Bürgers Gedichte« (zit. nach Hans Mayer: Meisterwerke dt. Literaturkritik I, 1962) gegenüber Bürger die Theorie einer volkstümlichen Dichtung aus dem Geiste der Klassik entwickelt. Sie sollte gerade für die spätere Balladenproduktion Bedeutung haben. Wie für Herder ist auch für Schiller die Wiederherstellung menschlicher Totalität die eigentliche Aufgabe der Literatur:

»Bei der Vereinzelung und getrennten Wirksamkeit unserer Geisteskräfte, die der erweiterte Kreis des Wissens und die Absonderung der Berufsgeschäfte notwendig macht, ist es die Dichtkunst beinahe allein, welche die getrennten Kräfte der Seele wieder in Vereinigung bringt, welche gleichsam den ganzen Menschen in uns wiederherstellt.« (ebda S. 457)

Freilich muß sich eine solche Dichtkunst auf der Höhe des Zeitalters befinden, sie muß dem »Fortschritt wissenschaftlicher Kultur« standhalten können, ja ihn aufnehmen. Schiller formuliert Befürchtungen, die auch schon früher die Aufklärer, namentlich Nicolai, gegen Bürgers Kunsttheorie geäußert hatten: Mit der Nachahmung archaischer Literaturmuster könnte auch ein Regress in ein vorwissenschaftliches, irrationales Zeitalter stattgefunden haben. Auch »Popularität« ist für Schiller ein wünschbares Ziel, auch er will von der ganzen Nation gelesen werden. Schiller hat aber im Gegensatz zu der Generation des Sturm und Drang und zu späteren Generationen einen gänzlich unromantischen Volksbegriff. Sie haben der Tendenz nach das Volk als schöpferisch hervorbringend angesehen, nur diesem Verständnis nach konnte die Volkspoesie maßstabsetzend sein. Bei Schiller tritt an die Stelle des Begriffes »Volk« der Begriff »Masse«. »Jetzt ist [im Gegensatz zu den Zeiten Homers] zwischen der Auswahl einer Nation und der Masse derselben ein großer Abstand sichtbar«. So wird das Volk ausschließlich als Rezipient gesehen, und Bürgers Popularitätsbegriff dahingehend gedeutet, als sei es diesem darauf angekommen, sich dem Geschmack des »großen Haufens« anzupassen, mithin die Kunst zu trivialisieren. Die eigentliche Aufgabe des Dichters sei es dagegen, den ungeheuren Abstand, der sich zwischen dem Geschmack der Gebildeten und dem Geschmack der großen Masse »durch die Größe seiner Kunst aufzuheben«: »Welch Unternehmen, dem ekeln Geschmack des Kenners Genüge zu leisten, ohne dadurch dem großen Haufen ungenießbar zu sein – ohne der Kunst etwas von ihrer Würde zu vergeben, sich an den Kinderverstand des Volkes anzuschmiegen« (ebda, S. 461). Popularität in Schillers Sinn ist dann erreicht, wenn der Dichter in echt aufklärerischer Funktion sich »einerseits zum Wortführer der Volksgefühle« macht, zum anderen als »Popularisator« der Erkenntnisse des philosophischen Zeitalters auftritt:

»Selbst die erhabenste Philosophie des Lebens würde ein solcher Dichter in die einfachen Gefühle der Natur auflösen, die Resultate des mühsamsten Forschens der Einbildungskraft überliefern und die Geheimnisse des Denkens in leicht zu entziffernder Bildersprache dem Kindersinn zu erraten geben. Ein Vorläufer der hellen Erkenntnis, brächte er die gewagtesten Vernunftswahrheiten, in reizender und verdachtloser Hülle, lange vorher unter das Volk, ehe der Philosoph und Gesetzgeber sich erkühnen dürfen, sie in ihrem vollen Glanze heraufzuführen.« (ebda. S. 462)

Wegen ihres – im Unterschied zu der Ballade Bürgers oder des jungen Goethe – »ideellen« Hintergrunds hat man die Ballade Schillers nicht zu Unrecht als »Ideenballade« bezeichnet. Auch Goethes

Balladenstil wandelt sich unter dem Einfluß Schillers, doch kommen dem beschriebenen Ideal von volkstümlicher Dichtung einzelne Balladen Schillers am nächsten. Im Gegensatz zu den Balladen Bürgers oder des jungen Goethe mit der für sie typischen Situation des Ausgeliefertseins des Menschen an übersinnliche Kräfte steht im Zentrum der Schillerschen Ballade der wollende Mensch: »Er hat sein Wesen nicht als Besitz, sondern muß es sich erst erringen; der Augenblick, in dem er sein Leben einsetzt, um sein Leben als geistiges Wesen zu gewinnen, ist der Mittelpunkt der Gedichte [...] Der freie, geistige Wille und das notwendige Schicksal stehen sich feindlich gegenüber«. (*Kayser* S. 125) Weil Schiller den aktiven, handelnden Menschen in den Mittelpunkt stellt, spricht Kayser von Schiller auch als dem Schöpfer der Heldenballade. Bei Schillers »Heldentaten« geht es aber nicht um den Aktivismus so vieler Heldenballaden aus dem 19. Jh. (z. B. Strachwitz »Ein Faustschlag«), sondern dieses Heldentum erscheint in der Notwendigkeit der Überwindung von Schwierigkeiten, zur Verwirklichung einer sittlichen Idee (»Die Bürgschaft«). Die äußere Tatkraft und Kühnheit wird gerade in der Ballade »Der Kampf mit dem Drachen« abgelehnt, der härtere Kampf ist die Selbstbezwingung und Selbstbescheidung im Dienst einer höheren Idee. Benno v. Wiese hat Schillers Balladen als »dramatische Kurzgeschichten mit verschlüsseltem parabolischen Sinn« bezeichnet (S. 622). Es gehört nun zum Geheimnis des Erfolges dieser Balladen, daß sie auch dann noch nicht ihren Sinn verlieren, wenn dieser parabolische Sinn nicht in all seinen Bezügen entschlüsselt werden kann. So ist die »Bürgschaft« sicher auf einer Ebene das »Hohelied der Freundschaft«, auf einer anderen Ebene steht hinter der Idee der Treue und Freundschaft die Parabel von dem gescheiterten Rechtfertigungsversuch der Tyrannis. Wäre es dem Tyrannen gelungen, Damon zu verführen, sein eigenes Leben zu retten, hätte er damit auch einen Beweis für seine negative Anthropologie gewonnen und damit auch die Rechtfertigung für seine Gewaltherrschaft. Auch der König in »Der Taucher« ist eine Verkörperung von Willkür und Gewaltherrschaft. Die Kraniche in den »Kranichen des Ibykus« sind nicht nur Werkzeuge der göttlichen Nemesis, sondern sie erhalten ihren Wert erst durch ihre Parallele zu den Erinnyen (Rachegeister), die auf der Bühne erscheinen: Durch diesen Vorgang wird auf der Schaubühne die Utopie einer »moralischen Weltregierung« angedeutet (Wiese S. 624).

Es widerstrebt, bei *Goethes* Balladen aus diesen Jahren von einem einheitlichen Typ der Ideenballade zu sprechen; dazu sind die einzelnen Schöpfungen zu individuell. »Das Balladenstudium hat mich wieder auf jenen Dunst und Nebelweg gebracht«, schreibt er an

Schiller. Vergleicht man sie aber mit den früheren, so sind diese Balladen ein Weg fort von jenem Dunst und Nebelweg der naturmagischen Ballade. Eigentlich ist schon der aus »Wilhelm Meisters theatralischer Sendung« stammende »Sänger« (1783, ein Jahr nach dem »Erlkönig« entstanden) als Ideenballade im Sinne Schillers aufzufassen; hinter der volkstümlich einfach dargestellten Szene (der Sänger weist den Lohn des Königs, eine goldene Kette, zurück und läßt sich für seinen Gesang durch »den besten Becher Weins in purem Golde« ehren) verbirgt sich das Grundmuster des Staates. Dessen Ziel muß es sein, die »Polarität von gesellschaftlicher Ordnung und schöpferischer Freiheit« zur Harmonie zu bringen (A. *Christiansen*, S. 51). Die im Balladenjahr entstandene Ballade »Der Zauberlehrling« liest sich wie eine humorvolle Absage an den Geist der naturmagischen Ballade, weil »der alte Meister« die Kräfte der Natur »nur zu seinem Zwecke ruft«. Auch der »Schatzgräber« (1798) ist eine Parabel, eine lehrhafte Geschichte. Gerade das Motiv des Schatzgräbers soll bei Eichendorff wieder eine Wendung ins Mystisch-Naturmagische bekommen. Die bedeutendsten Balladen dieser Jahre sind »Die Braut von Korinth« (vgl. II, 2 b) und »Der Gott und die Bajadere«. Der Stoff der »Braut von Korinth«, das »vampyrische Gedicht« weist eben durch das Motiv der Geistererscheinung und das Vampyrmotiv in die Nähe Bürgers. Aber gerade hier zeigt die Überhöhung durch die Idee der Darstellung einer »religionsgeschichtlichen Umbruchssituation« (Hinck S. 19), des Aufeinanderpralls von Heidentum und Christentum, die Nähe zu Schiller. Freilich demonstriert die Ballade »Der Gott und die Bajadere«, wodurch sich die klassische Ballade Goethes von der Ballade Schillers unterscheidet. Schillers Balladen sind parabelhaft rational konzipiert, der Tendenz nach auf eindeutige Entschlüsselung hin angelegt; in Goethes Balladen bilden Darstellung und Idee eine symbolisch unauflösliche Einheit, vieldeutig für die Interpretation.

»Der Gott und die Bajadere« sei »ein Beispiel des Glaubens an das im Menschen eingeborene Verlangen zum Guten und Echten« meint Karl Vietor (Goethe, Hambg. Ausg. Bd. 1, 627). Max Kommerell sieht hinter dem Erlösungsmotiv der Indischen Legende das christliche Erlösungsmotiv, »Christus und Maria Magdalena, ein großes Thema der menschlichen Seele, das seit den mittelalterlichen Mysterien Goethe zuerst wieder neu und tief durchdacht hat« (S. 187). Norbert Mecklenburg will dagegen mehr die »materielle Seite des Textes« berücksichtigen und Brecht zustimmen, das Wahrheitsmoment der Schlußapotheose stelle die »freie Vereinigung von Liebenden als etwas Schönes und Nützliches« dar (*Brecht*, Werkausgabe Edition Suhrkamp, Bd. 19. S. 425); dabei sei Brechts Deutung freilich einzuschränken: Goethe hat das im Medium einer Darstellung getan, in der »zugleich Verhältnisse von Mann und Frau, von gesellschaftlichem ›oben‹ und ›Unten‹

festgehalten sind [...] In der herablassenden Liebe des Gottes zur Bajadere, der äußerst ungleichen Rollenverteilung verrät sich ähnlich wie in der späteren Paria-Trilogie ein bei aller freundlichen Wärme gegenüber den Niedrigen und Unterdrückten konservativ-patriarchalisches Sozialmodell« (N. Mecklenburg S. 167).

In diesen Balladen ist auch Goethe weit entfernt vom volksliedhaften Stil seiner Jugendballaden. Sie sind in ihrem Aufbau, ihrer Strophenform, ihrem Metrum und in ihrer Sprache äußerst kunstvoll. Trotzdem bleiben gerade Schillers Balladen »volkstümlich«, freilich nicht im Sinne Bürgers. Schiller scheint in ihnen seinem Ideal nahe gekommen zu sein, populär zu sein, »ohne der Kunst etwas von ihrer Würde zu vergeben«. Schillers Balladen sind im 19. Jh. mehr als alle anderen rezipiert worden. Worin liegt das Geheimnis ihrer Popularität? In der »Vorrede zum ersten Teil der merkwürdigen Rechtsfälle nach Pitaval« schreibt Schiller: »Kein geringer Gewinn wäre es für die Wahrheit, wenn bessere Schriftsteller sich herablassen möchten, den schlechten die Kunstgriffe abzusehen, wodurch sie sich Leser erwerben, und zum Vorteil der Sache davon Gebrauch machen« (Ges. Werke Bd. 10. S. 10. Zit. nach *Emmrich* S. 137). Triviale Literaturmuster fand Schiller im Bänkelsang: Das Sensationelle der Fabel haben die Kriminalfälle der »Kraniche« und der »Bürgschaft« mit dem Bänkelsang gemeinsam. Wenn nicht ein Kriminalfall, dann fesselt die unerhörte Geschichte das Interesse des Hörers im »Taucher«, im »Handschuh«, im »Ring des Polykrates«. Der Vergleich zum Bänkelsang zeigt auch den Grad seiner Veredelung bei Schiller. Die beim Bänkelsang gleichsam zur Legitimation plump angehängte Moral »steht bei Schiller im engsten Zusammenhang mit dem künstlerischen Bekenntnis zur objektiven Individualisierung des Ideals« (*Emmrich* S. 138). Bänkelsängerisch ist auch der sentenzenhafte Stil, der so einprägsam ist, daß er zur Parodie geradezu einlädt. Die Beziehung zum Bänkelsang zeigt sich auch in dem Schiller eigentümlichen Sprachrhythmus und in der Wahl akzentuierter Reime. Steffen Steffensen weist neben dem Bänkelsang auch auf das Volkslied und das Märchen als Muster hin. So imitiert Schiller immer wieder das primitive, aber wirkungsvolle Gesetz der Dreizahl, in der »Bürgschaft« werden drei Hindernisse überwunden, dreimal winkt der König im »Handschuh«, dreimal fragt der König im »Taucher«.

Insgesamt sind die Balladen aus diesen Jahren als Werkstattarbeiten zu verstehen, gerade das Experimentieren mit neuen Literaturformen hat Goethe und Schiller gereizt. Die Neigung zum Experiment zeigt sich am reinsten in der von Goethe hoch gelobten »Nadovessischen Totenklage«, in der Schiller sich am naiven Stil der von

Herder gepriesenen »Wilden« versucht. Auch eine Ballade wie »Der Gang nach dem Eisenhammer«, die ganz im kindlichen Volkston gehalten ist, darf nicht naiv gelesen werden, auch wenn manche Kritiker behaupten, daß in dieser Ballade die Grenze zum Unfreiwillig-Komischen schon überschritten sei.

Das Moment des Artifiziellen und des Experiments haben auch Goethes spätere Balladen, gerade an ihnen ist der Reichtum der Stoffe und Formen erstaunlich: höchste Virtuosität z. B. im »Hochzeitslied« (1802), geplante Einfachheit in »Johanna Sebus« (1809), Ernst und Humor im »Totentanz« (1813), in der »Wandelnden Glocke«, in der »Ballade« und im »Getreuen Eckart« (alle 1813). Alle diese Balladen sind »Gelegenheitsgedichte« im engeren oder weiteren Sinn, nirgends zeigen sie eine Nähe zur Bekenntnislyrik wie die frühen Balladen.

Literatur:

Allgemein:

Mecklenburg, N.: B. der Klassik. In: K. O. Conrady (Hrsg.): Deutsche Lit. zur Zeit d. Klassik. 1977
Trunz, E.: Die Formen d. dt. Lyrik d. Goethezeit. In: DU 16 1964, H. 6, S. 17–32

Schiller:

Bauer, F.: Das Dramatische in Schillers B. 1897 Karlsbad
Benzmann, H.: Die B. Schillers. ZfdU 25, 1911. S. 657–662
Bergenthal, F.: In Gericht und Gnade der Wahrheit. Vom Sinn d. Meisterballaden Schillers. ²1949
Berger, K.: Schillers Balladendichtung im Zusammenhang seiner lyrischen Dichtung. 1939
Bergmann, C.: »Weltgeschichte« und »Weltgericht« in Schillers Balladen. In: Weimarer Beiträge XIII, I (1967), S. 76–108
Binder, H.: Das verschleierte Bild zu Sais. In: DU, H. 2/3 2948, S. 23–35
Castle, E.: Schillers Balladenbuch. Chronik d. Wiener Goethe-Vereins, Bd. 51. 1947, S. 1–31
Cysarz, H.: Schiller. Halle 1934, S. 288–308
Döring, H.-W.: Die B. »Der Handschuh« als Sonderfall Schillerscher Sprachleistung. In: DU 1956, H 4, S. 37 ff
Elster, E.: Schillers Balladen. In: Jahrbuch des Freien Dt. Hochstifts, 1904, S. 265–305
Emmrich, I.: Die B. Schillers in ihrer Beziehung zur philosophischen und künstlerischen Entwicklung d. Dichters. In: Wiss. Zeitschrift d. Univ. (Jena, Gesellschaftspolit. u. sprachwiss. Reihe) 5 (1955/56)

Hager, H.: Das verschleierte Bild zu Sais. In: Wege zum Gedicht II, S. 190−203

Groß, K.: Schillers Verständnis f. d. Griechentum, gezeigt an den »Kranichen des Ibykus«. In: ZfDK 52 1938, S. 601−605

Kayser, W.: Schillers B. In: ZfdB. II, 1935, S. 502−512

Leitzmann, A.: Die Quellen von Schillers und Goethes B. ²1923

Loock, W.: Schillers »Der Taucher«. In: Wege zum Gedicht II S. 229−240

Marchand, L.: Zur Ästhetik d. B. Schillers. In: ZfdU 20, 1906, S. 621−630

Müller-Seidel, W.: Schillers Kontroverse mit Bürger und ihr geschichtlicher Sinn. In: Formwandel. Festschrift f. P. Böckmann, Hrsg. von W. Müller-Seidel u. W. Preisendanz, 1964

Neumann, F.: Goethes Ballade »Der Fischer«. Ein Beitrag zum mythischen Empfinden Goethes. In: ZfDK 54 (1940), S. 328−341

Oellers, N.: Der ›umgekehrte Zweck‹ der ›Erzählung‹ »Der Handschuh«. In: JbSchG 20 (1976), S. 387−401

Piedmont, F.: Ironie in Schillers B. »Der Handschuh«. In: Wirkendes Wort XVI, 2, 1966, S. 105−112

Politzer, H.: Szene u. Tribunal. Zur Dramaturgie einer Schiller-Ballade. In: Neue Rundschau 1967, S. 454−468

Rehder, H.: Die Kraniche des Ibykus: The genesis of a poem. In: Journal of English and Germanic Philology.

Röhricht, R.: Bemerkungen zu Schillerschen B. In: ZfdPh 26, 1894, S. 105−107

Seeba, H. C.: Das wirkende Wort in Schillers Balladen. In: JbSchG 14 (1970), S. 275−322

Segebrecht, W.: Die tödliche Losung »Lang lebe der König«. Zu Schillers Ballade »Der Taucher«. In: Grimm: Interpretationen 113−133

Steffensen, S.: Schiller u. d. B. In: Stoffe, Formen, Strukturen. Borchardt-Festschrift, 1962, S. 251−261

Storz, G.: Der Dichter Friedrich Schiller. 1959. S. 236−251

Voit, L.: Schiller »Der Ring des Polykrates«. In: Wege zum Gedicht II, S. 203−213

Wasmer, U.: Schiller »Der Ring des Polykrates« und Schiller »Der Kampf mit dem Drachen«. In: K. Bräutigam (Hrsg.): Die dt. B. ⁵1971 S. 50−72

Weber, R.: Das Verhältnis von äußerer und innerer Form in Goethes und Schillers B. In: Journal of English and Germanic Philology 14, 1915, Nr. 2, S. 204−211

Wentzlaff-Eggebert, F. W.: Die Kraniche des Ibykus. In: Wege zum Gedicht II, S. 213−229

von Wiese, B.: Die Kraniche des Ibykus. In: Die dt. Lyrik I Hrsg. von B. v. Wiese, 1957, S. 347−363

von Wiese, B.: Friedrich Schiller. ⁴1978, S. 212−224

Goethe (vgl. auch III, 3)

Boyd, J.: Notes to Goethes Poems. Oxford 1944

Brandeis, A.: Die Braut von Korinth und Diderots Roman »La Réligieuse«. In: Chronik des Wiener Goethe-Vereins 4 (1890), S. 50−53

Bräutigam, K.: »Der Zauberlehrling«. In: K. B. (Hrsg.): D. dt. B. [5]1971 S. 17−29

Brügger, L.: Der Zauberlehrling und seine griechische Quelle. In: Goethe. NF des JbGG 13 (1951), S. 243−258

Feuerlicht, I.: Goethes B. In: MDU, Bd 45, 1953. S. 419−430

Christiansen, A.: Zwölf Gedichte Goethes. 1973

Grenzmann, W.: Goethe »Der Sänger«. In: Wege zum Gedicht II, S. 169−176

Horst, M.: Goethe »Der Totentanz«. In: Wege zum Gedicht II, S. 176−186

Kommerell, M.: Goethe »Der Gott und die Bajadere«. In: Wege zum Gedicht II, S. 186−190

Kommerell, M.: Goethes Balladen. In: Gedanken über Gedichte. 1943. S. 310−429

Martens, W.: Zu Goethes »Hochzeitlied«. In: Grimm: Interpretationen, S. 151−164

Mayer, G.: Die Braut von Korinth − eine visionäre Ballade. In PJb, Bd. 182/83. 1920

Moritz, K.: Goethe »Legende vom Hufeisen«. »Der Zauberlehrling«, »Der Totentanz«. In: K. M.: Dt. B. 1972

Schmidt, E.: Goethes B. In: Charakteristiken II. 1901. S. 190−202

Seidlin, O.: Zur Mignon-Ballade. In: Von Goethe zu Thomas Mann. 1963. S. 120−135; 226−231

Trunz, E. (Hrsg.): Goethes Werke Bd. 1 (Hamburger Ausgabe) [5]1960

Thalheim, H. G.: Goethes Ballade »Die Braut von Korinth«. In: Goethe Bd. XX, 1958, S. 28−44

Zastrau, A.: Goethe-Handbuch. [2]1955, Sp. 597−703 [mit Bibliographie]

5. Die Ballade der Romantik

Die romantische Dichtungstheorie forderte die Aufhebung der unterschiedenen Dichtungsgattungen. Wie es überhaupt das Ziel der romantischen Dichtung war, in der Kunst die Universalität und die Totalität, die für sie in der Realität zerbrochen war, wiederherzustellen, so sollte auch die Einheit der Dichtungsgattungen im einzelnen Dichtwerk die Totalität symbolisieren. Diese höhere Kunstform sah Novalis im romantischen Roman. Das Substantiv »Romantik« findet sich bei Novalis im Sinne von »Romanlehre«. Auch die »Romanze« ist dem Attribut »romantisch« eng verwandt. Den Begriff Romanze gebrauchten die Romantiker in zweierlei Weise. Sie verstanden darunter einmal die spanische assonierende Romanze (vgl. I, 1), deren strenge Formen sie nachahmten, weil sie ihnen »Füll' in engen Grenzen« (A. W. Schlegel) bot: Hierher gehören die Romanzen von *A. W. Schlegel* wie »Erlösung«, »Fortunat«, *F. Schlegels* »Roland«, Tiecks Romanzen im »Kaiser Oktavianus«, Brentanos »Romanzen vom Rosenkranz«, die assonierenden Ro-

manzen Eichendorffs, Uhlands, Heines. Daneben brauchten sie den
Begriff Romanze auch als Sammelnamen für episch-lyrische, erzählende oder dem Volkslied nahestehende Dichtungen. Dieses Verständnis des Begriffs, der ein Synonym für Ballade ist, führt wieder
auf den Roman: »Der Roman ist völlig als Romanze zu betrachten«,
forderte Novalis (zit. n. *Kayser* S. 163). Nicht zufällig stehen nämlich viele der romantischen Balladen (nach dem Vorbild der Mi-
gnon-Lieder oder der Harfner-Lieder in Goethes »Wilhelm Meister«) im Zusammenhang ihrer Romandichtungen, so in Brentanos
»Godwi«, in Eichendorffs »Ahnung und Gegenwart«, in Kerners
»Reiseschatten« (*Kayser* S. 158). Der Roman ist für die Romantiker
symbolische Dichtung; Ziel der Kunst kann nicht Darstellung der
Wirklichkeit um ihrer selbst willen sein, sondern »die Überwindung
aller Gegensätze in der großen Synthese von Natur und Geister-
reich, von Endlichem und Unendlichem« (P. *Kluckhohn* S. 33).
Letzte symbolische Verdichtung der Kunst ist für den Romantiker
das Märchen, für Novalis »gleichsam der Kanon aller Poesie« oder
»eine absolute wunderbare Synthesis«. Wie nun das frühromanti-
sche Märchen deutlich allegorische Züge trägt, so ist für die frühro-
mantische Ballade die »allegorisch-mystische Naturballade«
(Scholz) besonders bezeichnend. Friedrich Schlegels »Romanze
vom Licht«, Tiecks »Das Wasser« oder seine »Romanze vom Schall«
gehören hierher. In diesen Balladen erweist sich die besonders enge
Beziehung der Romantiker zur Philosophie, zumal zur Naturphilosophie Schellings. Die Poetisierung des Lebens, der Wissenschaft ist
hier angestrebt. Die Erscheinungen der Natur oder gewisse in ihnen
wirksame Kräfte werden verherrlicht und durch phantastische Ge-
dankengänge zueinander oder zum menschlichen Leben in geheimnisvolle Beziehung gebracht.
    Theoretisch haben auch die Frühromantiker das Volkstümliche
der Ballade betont. A. W. Schlegel spricht von der Einfachheit, der
Schlichtheit und der Kindlichkeit des Tones, der Unmittelbarkeit
der Darstellung und der Liedhaftigkeit. Ihre eigenen Balladendich-
tungen sind weit davon entfernt, volkstümlich zu sein. Nicht zufällig stehen die beiden Schlegels zunächst unter dem Einfluß Bürgers,
dann Schillers. Besonders A. W. Schlegels »Arion« ist nicht nur
stofflich Schillers »Kranichen des Ibykus« nahe verwandt, sondern
auch im Ton und der gedanklichen Durchdringung. Aber auch da,
wo sie Stoffe aus der einheimischen Sage behandeln wie Friedrich
Schlegel im »Frankenberg bei Aachen« oder A. W. Schlegel im »Fortunat«, sind sie nicht eigentlich volkstümlich.
    Einen um so stärkeren Impuls hin zur volkstümlichen Dichtung
gaben die Dichter der Heidelberger Romantik, vor allem die Her-

ausgeber von »Des Knaben Wunderhorn« *Achim von Arnim* und *Clemens Brentano.* An ihre und ihrer Nachfolger Balladen, die unter dem Einfluß des »Wunderhorns« entstanden, denken wir vor allem, wenn wir von der Ballade der Romantik sprechen: an Brentano, Eichendorff, Uhland, Kerner und Mörike. Mit der Volksliedsammlung »Des Knaben Wunderhorn« ist Brentano und Arnim in den Jahren 1802–1806 das gelungen, was die Generation von Herder und Bürger mit dem Ruf nach einem deutschen Percy erhofft hatten: eine umfassende Sammlung des deutschen Volksgesangs (von den insgesamt 700 Liedern sind etwa 250 als Balladen anzusprechen). Brentanos und Arnims Volksliedauffassung ist Ausdruck des romantischen Volksbegriffs. Im Gegensatz zu Schiller sehen sie ähnlich wie Bürger und Herder das Volk als Schöpfer der Volksdichtung; Jacob Grimm hat das Zustandekommen der Volksdichtung als Kollektivdichtung, als mystisches Geheimnis gesehen (vgl. III, 2). Der Volksgesang, den sie mit der Sammlung dem Volk nur zurückgeben wollten, sollte dazu beitragen, alle »Gegensätzler unserer Tage« zu versöhnen und den »großen Riß der Welt« zu heilen. Gemeint ist damit »das romantische Leiden an der Realität« (G. *Fritsch*, S. 35), ihr Unbehagen am zivilisatorischen und kulturellen Zustand der Gegenwart. Mit den Volksliedern sollte der Gegensatz zwischen Gebildeten und Ungebildeten aufgehoben werden. Das hatten auch Bürger und Schiller gewollt. Neu war das nationale Element. In den napoleonischen Kriegswirren ist die Sammlung entstanden. Gerade jetzt drohte Deutschland endgültig auseinanderzubrechen, und die Volkslieder sollten den Deutschen das Bewußtsein ihrer Einheit bewahren helfen. Diese Volksliedsammlung blieb (ähnlich wie die Märchensammlung der Brüder Grimm) trotz vieler späterer Sammlungen deshalb unübertroffen, weil Arnim und Brentano selbst Lyriker waren, die in kongenialer Weise dem Volkslied nahestanden. Sie haben sich im Gegensatz zu den Brüdern Grimm auch offen dazu bekannt, das Aufgefundene umgedichtet oder neugefaßt zu haben (»Warum soll der, der es in letzter Instanz aufzeichnet, mit anderen zusammenstellt, nicht auch ein gewisses Recht daran haben?« [2. Nachschrift an den Leser]). Was hier aus mündlicher Überlieferung, aus fliegenden Blättern, aus Drucken genommen wurde, was von den Herausgebern umgedichtet beziehungsweise neu gedichtet wurde, ist nicht ganz auszumachen. Manche der Bearbeitungen, wie Brentanos »Großmutter Schlangenköchin« sind wieder ins Volk gedrungen. Tatsache ist, daß sie damit für ihre Zeit einen Volksliedstil schufen, der auf das ganze 19. Jh. breiteste Ausströmungen haben sollte. Die Ballade der Spätromantiker hat eine engere Beziehung zur Volksballade, als es frühere Balladen hatten und es spätere Balladen haben sollten. So wie bei den Liedern des »Wunderhorns« nicht genau zwischen Ballade und Lied zu scheiden ist, so sind auch in den Balladen eines Eichendorff oder eines Brentano die Grenzen zwischen reiner Lyrik und Ballade schwimmend: »Bald handelt es sich um ›lyrisierte‹ Balladen, bald um lyrische Gedichte mit einem stärkeren oder schwächeren epischen Element« (S. *Steffensen*, S. 127). Ganz besonders typisch für die Ballade in der »Wunderhorn«-Linie ist der lyrische Rollenmonolog mit episierenden Zügen. Es läßt sich kein größerer Unterschied als zum deklamatorischen und rhetorischen Stil in den Balladen Bürgers und Schillers denken. Brentano hat vor allen anderen Goethes liedhafte Ballade »Der König in Thule« geschätzt. An die Stelle des kunstvollen Aufbaus der Schillerschen Balladen tritt bei den Romantikern die scheinbar kunstlose, den Volksballaden nachempfundene Reihung der Strophen, die Strophen- und Zeilenbindung, möglichst mit refrainartigen Wiederholungen. Die Sprache ist schlicht. Als Stoffe wählen die Romantiker wie die Volksballade überindividuelle, überpersönliche Motive oder einfache Dingsymbole (Eichendorff: »Das zerbrochene Ringlein«). Im Unterschied zur Volksballade ist die Handlung hier ganz in Stimmung aufgelöst, »die wenigen scheinbar episierenden Züge sind in Wirklichkeit visionäre Symbole der ausgedrückten Stimmung« (S. Steffensen, S. 27). Ablesbar ist das ganz besonders an den naturmagischen Balladen oder den Geisterballaden Brentanos, Eichendorffs und Mörikes (Brentano: »Auf dem Rhein«, Eichendorff: »Die Hochzeitsnacht«, Mörike, »Zwei Liebchen«) (vgl. II, 2 a, II, 2 b). So ist die romantische Ballade objektiv im Sinne der Volksdichtung und subjektiv im Sinne der existenziellen Aussage. In den Balladen Brentanos ist das am ehesten spürbar. Die Menschen dieser Ballade sind nicht die rational aktiv handelnden Menschen der Schillerschen Ballade, sondern sie vertreten ein höheres, romantisches Bewußtsein: »Der Mensch dieser Periode ist somnambul, wie im magnetischen Schlafe wandelt er, seines Bewußtseins unbewußt, im tiefen Bewußtsein der Welt einher, sein Denken ist Träumen in den tiefen Nervenzügen, aber diese Träume sind wahr« (Görres). Die Helden der romantischen Ballade sind in diesem höhern Sinne reizbar und den Kräften der Umwelt, vor allem den Naturkräften willenlos hingegeben (Brentano: »Lorelay«). Die besondere Leistung der romantischen Ballade ist die naturmagische Ballade. Die magischen Kräfte der Natur sind allerdings auch zugleich Chiffren für Träume, Sehnsüchte. Von hier her erklärt sich auch die besondere Neigung der Romantiker zur Legendenballade, und zwar nicht nur wegen der in dieser Dichtart angelegten Passivität des Helden. Sondern gerade im Geist der Legende, in der in ihr ausgedrückten

Glaubensgewißheit ist ein Gegenpol zu dem individuellen Verloren-
sein gegeben.

Die Legendenballade »Der heilige Lukas« von A. W. Schlegel
(1798) steht am Anfang. Schillers »Graf von Habsburg« (1803) ist
wohl unter romantischem Einfluß entstanden. Brentanos »Sankt
Meinrad« erzählt eine katholische Legende in archaischem Stil. Auf
Naivität in der Erzählweise ist auch die Legende »Die Gottesmauer«
angelegt (1815), auf »die naive Einfalt der Chroniken«, wie Schelling
es fordert (H. *Stadelmann* S. 158). Die Legende spielt in der unmit-
telbaren Vergangenheit, in den napoleonischen Kriegswirren. Sie
erzählt, wie auf wunderbare Weise der Wunsch einer alten Frau er-
füllt wird, sie und ihren Enkel vor dem plündernden Kriegsvolk zu
schützen: Eine Schneewehe macht ihr Haus für die Feinde unsicht-
bar. Die Gottesmauer symbolisiert den Glauben. Demonstriert
wird die Überlegenheit naiver Gläubigkeit über den modernen
Skeptizismus in der Person des Enkels (»rief der Enkel und ward
fromm«): »Die Großmutter wird geradezu zu einer in der Ballade
fiktional aufgebauten Gegenfigur zur neuen Zeit, die den Glauben
und das Vertrauen auf die rechte göttliche Fügung verloren hat« (W.
Freund S. 54). Noch deutlicher als diese Legende gibt die ein Jahr später entstandene »Ich kenn ein Haus, ein Freudenhaus« Zeugnis für
die religiöse Wende Brentanos in diesen Jahren. In ihr ist die Verbindung von Balladenform und existenzieller Aussage am intensiv-
sten. Der Glaube ist hier in Bilder der Erlösung gebracht, die unter-
einander zwar in Beziehung stehen, aus denen aber nicht unbedingt
eine zusammenhängende Erzählung abzuleiten ist. Mehrfach per-
spektivisch gebrochen ist in Bildern das Ringen des Erzählers (der
selbst zum Eremiten wird) um Glaubensfestigkeit und den Verstrik-
kungen dieser Welt ausgedrückt: Barocke Bilder (das Freudenhaus
als Bild für die Welt), volkstümliche Motive (das Wiedergängermotiv in der Figur des der Mutter erscheinenden Kindes), romantische
Motive (das Motiv des Wahnsinns und das Motiv des Eremiten) und
schließlich christliche Symbole (Maria Magdalena in der Figur der
büßenden Dirne, das Erlösungsmotiv in den Wunden Jesu Christi,
die am Kinde erscheinen) sind in diesem Gedicht in einer eigentümlichen Symbiose vereint.

Weniger subjektiv, sondern epischer sind *Uhlands* Legendenballaden »Cashilde« (1811) und »Der Waller«. In *Justinus Kerners* »Der
Geiger von Gmünd« ist die auch sonst auftauchende Wunderge-
schichte vom goldenen Schuh auf den Stil der Ortssagenballade
transponiert. Sie weist auf das in der romantischen Ballade auch
sonst vorkommende Motiv von der Macht des Gesanges (Uhland
»Der Sänger«, »Bertrand de Born«) und zugleich auf den Zweig der

romantischen Ballade, der Sage und Geschichte behandelt, freilich in romantischer Weise. Vornehmlich Uhland ist hier zu nennen, in seinem Gefolge auch Kerner und *Gustav Schwab*, ein Kreis, der unter dem Namen »Schwäbische Dichterschule« in die Literaturgeschichte eingegangen ist. Gottfried Korff hat die Entwicklung von Uhlands Balladen als Weg »von der märchenhaft-namenlosen zur historischen Ballade, zur Ballade mit historischen Personen«, wozu auch die Namen der Sagengestalten gehören, beschrieben (IV. S. 249). Die ersteren Balladen stehen dem »Wunderhorn«, Mörike und Eichendorff näher als die letzteren. In den Balladen »Das Schloß am Meer«, »Der blinde König«, »Der Königssohn«, »Des Sängers Fluch« besteht »der Inhalt dieser Balladen aus im Geiste der Volksphantasie, des Märchens oder der Sage erfundenen Geschichten oder vorgestellten Situationen« (IV, S. 249). Wenn einer der schwäbischen Lyriker, Johann Georg Fischer, gesagt hat, daß sie »durch das Volk Natur« werden wollten, so ist Korffs Beobachtung sicher richtig, daß in den genannten frühen Balladen Uhlands das Historische einerseits nur romantisches Kostüm für allgemein menschliche Inhalte ist, daß aber trotzdem das dichterische Fluidum diese Stoffe ins Historische hebt. Denn die »Könige und Königinnen, Königssöhne, Prinzessinnen, Sänger usw. sind mit dem Gefühl des Volks für diese hohen Personen gesehen« und die ihnen zugeschriebene übernatürliche mythische Größe ist Frucht der »ein Jahrtausend alten feudalistischen Volkserziehung« (IV, S. 250). Obwohl so diese Balladen noch nicht im später von Uhland erstrebten strengeren Sinne historisch-objektiv sind, so enthalten sie doch auf höhere Weise historisches Bewußtsein. Uhlands Einfühlungsvermögen in die Sage und Geschichte findet ihr Äquivalent in der sprachlichen Gestaltung. Wie kein anderer der Romantiker versteht es Uhland, bis in sprachliche Wendungen und metrische Formen hinein die Töne älterer Dichtungen sich anzuverwandeln, so daß seine Balladen mitunter einen archaisierenden Zug bekommen. (vgl. II, 3)

Literatur:

Allgemein

Becker, W.: Das Rollengedicht als Ausdrucksform d. romantischen Lyrik. Leipzig. Diss. 1950 (Masch.)
Kienzerle, R.: Aufbauformen romantischer Lyrik aufgezeigt an Tieck, Brentano und Eichendorff. 1946
Lohre, H.: Von Percy zum Wunderhorn. 1902
Mannack, E.: Die Bedeutung d. lyrischen Einlage f. d. Entwicklung d.

Kunstvolksliedes. Ein Beitrag zur Geschichte d. romant. Lyrik. Diss. Leipzig 1955 (Masch.)

Scholz, G.: Die Balladendichtung der Frühromantik. 1933

Kluckhohn, P.: Ideengut d. Frühromantik. ⁵1966

Korff, J. A.: Geist der Goethezeit. IV, 1953

Rodger, G.: A reason for inadequacy of the Romantic Kunstballade. In: MLR 55. 1960. S. 371–391

Stadelmann, R.: Die Romantik u. d. Geschichte. In: Romantik. Ein Zyklus Tübinger Vorlesungen. Hrsg. Th. Steinbüchel. 1948

Brentano

Bellmann, W.: Brentanos Lore Lay – Ballade und der antike Echo-Mythos. In: Clemens Brentano. Beiträge des Kolloquiums im Fr. Dt. Hochstift. Hg. von D. Lüders. Tübingen 1980, S. 1–9.

Beutler, E.: Der König in Thule und die Dichtungen von der Lorelay. Zürich 1947

Bode, K.: Die Bearbeitung der Vorlagen in »Des Knaben Wunderhorn«. Berlin 1909.

Essen, E.: Lore Lay. In: Wege zum Gedicht II, S. 240–250

Ehrenzeller, R. F.: Loreley. Entstehung und Wandlung einer Sage. Diss. Zürich 1948

Freund, W.: Clemens Brentano »Die Gottesmauer«. In: W. F.: D. dt. B. 1978, S. 51–59

Gajek, B.: Orient – Italien – Rheinlandschaft. Von der dreifachen »Heimat alles Wunderbaren«. Zu Clemens Brentanos »Lore Lay«. In: Grimm, G.: Interpretationen, S. 137–149

Krabiel, K.-D.: Die beiden Fassungen von Brentanos »Loreley«. In: Literaturwissenschaftliches Jahrbuch VI. (Hrsg. H. Kunisch), 1966. S. 122–132

Minder, R.: La Loreley et le bâteau à vapeur. Métamorphose d'un mythe. In: Rev. d'Allemagne 9 (1977) S. 619–629.

Müller-Seidel, W.: Brentanos naive und sentimentalische Poesie. In: Schiller-Jahrbuch 18 (1974) S. 441–465

Mortiz, K.: Clemens Brentano »Zu Bacharach am Rheine« – Heinrich Heine »Ich weiß nicht, was soll es bedeuten«. Vergleichende Betrachtung. In: K. M.: Dt. B. 1972, S. 91–101

Preitz, M.: Clemens Brentanos Freudenhaus-Romanze. Frankfurt 1922. (Neudruck Bern/München 1969).

Reichel, G.: Die Balladendichtung Clemens Brentanos. Diss. (masch.) Hamburg 1923.

Rieser, F.: Des Knaben Wunderhorn und seine Quellen. 1908

Staiger, E.: Clemens Brentano »Auf dem Rhein«. In: Die Zeit als Einbildungskraft d. Dichters. Zürich 1939. S. 21–101

Wollenberg, F. W.: Brentanos Jugendlyrik. Studien zur Struktur seiner dichterischen Persönlichkeit. Diss. Hamburg 1964

Wolff, E. M.: Apollinaire und die »Lore Lay« Brentanos. In: Revue de litt. comp. XXV, 1951. S. 468–479

Eichendorff

Baumgärtner, C. A.: Eichendorffs »Waldgespräch«. In: B. u. Erzählgedicht im Unterricht. ³1972. S. 22–29

Haller, R.: Eichendorffs Balladenwerk. Bern 1962

Hillach, A./Krabiel, K.-D.: Eichendorff. Kommentar zu den Dichtungen. Bd. 1 1977, Bd. 2 1972

Niggl, G.: Überwindung der Poesie als Zaubernacht? Zu Joseph von Eichendorffs Romanze »Der stille Grund«. In: Grimm: Interpretationen, S. 227–239

Rodger, G.: Eichendorffs conception of the supernatural world of the ballad. In: GLL 13, 1959/60. S. 195–206

Seidlin, O.: Eichendorffs »Zwei Gesellen«. In: J. Schillemeit (Hrsg.) Dt. Lyrik von Weckherlin bis Benn. 1965

Mörike

Freund, W.: E. Mörike »Der Feuerreiter«. In: D. dt. B. 1978, S. 66–73

Girlinger, L.: Mörike »Die Geister am Mummelsee«. In: Wege zum Gedicht II, S. 289–299

v. Heydebrand, R.: Eduard Mörikes Gedichtwerk. 1972

Jacob, K.: Aufbau u. innere Gestaltung der B. u. anderer Gedichte Mörikes. Diss. Frankfurt 1934

Kämpchen, P.: Die traurige Krönung. In: DU 1956, H. 4

May, J.: Mörike »Die traurige Krönung«. In: Wege zum Gedicht II S. 278–289

Maync, H.: E. Mörike. ⁵1944 (Mörike als Lyriker, S. 311–369)

Moritz, K.: »Der Feuerreiter«; »Die traurige Krönung«; »Die Geister am Mummelsee«; »Nixe Binsefuß«. In: D. dt. B. 1978 S. 122–138

Mundhenk, A.: Mörike »Der Feuerreiter«. In: Wirkendes Wort, V, 1955. S. 143 ff

Pohl, R.: Zur Textgeschichte von Mörikes Feuerreiter. In: ZfdPh 85, 1966. S. 223–240

Rahn, F.: Die traurige Krönung. In: DU 1948, H. 2/3. S. 55–65

Storz, G.: E. Mörike. 1967. (Die Balladen, S. 269–289)

Unger, H.: Mörike. Kommentar zu sämtlichen Werken. 1970

Vischer, F. Th.: Gedichte von E. Mörike. (1839). In: V. G. Doerksen (Hrsg.) E. Mörike. 1975

Wasmer, U.: E. Mörike »Der Feuerreiter«. In: K. Bräutigam (Hrsg.): D. dt. B. ⁵1971 S. 77–90

Werner, H.-G.: Zu frühen Gedichten Eduard Mörikes. In: Weimarer Beiträge X, 4. 1964. S. 571–598

v. Wiese, B.: Der Lyriker E. Mörike. In: Zwischen Utopie und Wirklichkeit. 1963. S. 177–192

Uhland

Düntzer, H.: Uhlands Balladen und Romanzen. Leipzig 1879

Eichholtz, P.: Quellenstudien zu Uhlands Balladen. Hg. v. Gustav Hinrichs. Berlin 1879

Froeschle, H.: L. Uhland u. d. Romantik. Wien 1973 (Balladendichtung, S. 74–83)

Kayser, W.: Uhland »Die Jagd von Winchester« und C. F. Meyer »Jung Tirel«. In: B. v. Wiese (Hrsg.): Die dt. Lyrik II 1959 S. 103–115

Neis, E.: L. Uhland »Die Rache«; »Schwäbische Kunde«. In: Wir interpretieren Balladen. 1968

Korff, H. A.: Geist der Goethezeit IV 1953

Schneider, Herm.: Uhlands Gedichte u. d. dt. Mittelalter. 1920

Thomke, H.: Zeitbewußtsein und Geschichtsauffassung im Werke Uhlands. Bern 1962

Ueding, G.: Die Zerstörung des Paradieses. Zu Ludwig Uhlands »Das Glück von Edenhall«. In: Grimm, G.: Interpretationen, S. 214–226

Weber, A.: »Des Sängers Fluch«. In: Wege zum Gedicht II, S. 250–261

6. Die Ballade des Biedermeier

Den Begriff »Biedermeier« hat Kayser zuerst als Epochenbegriff in seine Geschichte der Ballade eingeführt. Im Gegensatz zu sonstigen literarischen Begriffsbildungen für die Zeit von 1815–1850 wie »Spätromantik«, »Wege zum Realismus« oder »Literatur der Restaurationsepoche« scheint dieser vor allem literatursoziologisch ausgerichtete Epochenbegriff am ehesten geeignet, die Balladenproduktion dieses Zeitabschnitts erklärbar zu machen, und zwar geht dieser Literaturbegriff vom Rezipienten aus, nicht wie die bisher gewählten Begriffe von den Produzenten. Er geht aus vom herrschenden Publikumsgeschmack und hat damit auch mehr als das bisher üblich war mit Phänomenen der Massenliteratur zu tun: Mittlerweile ist die Balladenform in Deutschland breit eingeführt, ja sie ist »zur beliebtesten und nationalsten Dichtart der Deutschen« geworden (M. W. *Götzinger*). Ähnlich wie die Kammermusik jener Zeit ein spezifischer Ausdruck bürgerlicher Kultur ist, so ist es auch die Ballade, die sich vor allen anderen Dichtarten zum Vortrag im geselligen Rahmen eignet (F. *Sengle*, S. 595). Kayser hat allerdings das Biedermeierliche abwertend verstehen wollen, zu wenig entsprach seinem »germanischen« Bild der Ballade die Ballade dieser Zeit, in die bürgerliche und »ostische« Züge gedrungen seien. Daß man sich indessen hüten muß, den Begriff »Biedermeier« im Sinn einer Wertung zu gebrauchen, hat Friedrich Sengle gezeigt. Neben vielen trivialen müssen auch manche der besten Balladen des 19. Jh.s, nämlich die Chamissos, Mörikes, Uhlands, der Droste, Heines und Fontanes ihrer Stilhaltung wegen zum Biedermeier gerechnet werden.

Im Biedermeier wurden von den großen Balladendichtern der

Vergangenheit vor allem Schiller und Bürger geschätzt (vor Goethe), und zwar wegen des »Eindrucks auf Herz und Gemüt«, Schillers Balladen wegen ihrer »sittlich-poetischen Wirkung« (M. W. *Götzinger*). Aber auch Schiller wird wie Goethe, Bürger und die Romantiker nur in charakteristischer Verkürzung rezipiert. Der weite ideelle Rahmen seiner Balladen bleibt in seiner Rezeption ebensowenig sichtbar wie in der Balladenproduktion der Zeit. In Wahrheit zielten die genannten Kriterien Götzingers zurück auf die ästhetischen Prinzipien der Aufklärung: Traditionen der Rokoko-Dichtung des 18. Jh.s bleiben ebenso erhalten (Langbein) wie die sentimentale Dichtung der Empfindsamkeit. Lossius' »Der gute Reiche« (1781) war noch im 19. Jh. eines der beliebtesten Gedichte.

Anstelle des Irrationalismus und der wilden Affekte der Bürgerschen Ballade, der abgründigen Naturmagie der Romantiker oder des ideellen Anspruches der Schillerballaden herrscht im Biedermeier die abgemilderte Rationalität der Aufklärung. Der Glaube an eine gute und gerechte Weltordnung ist vielleicht als einziger ideeller Hintergrund in den meisten Balladen dieser Zeit spürbar, so verschieden die gewählten Stoffe und Formen im einzelnen auch sein mögen.

Rational sind die Balladen auch insofern, als sie in ihren Darstellungsformen weder durch »Sprünge und Würfe« noch durch volksliedhafte Stimmung noch durch Rhetorik und Pathos wirken wollen: Volkstümlichkeit oder der »Volkston« heißt für diese Zeit wieder »die patriarchalische Herablassung zum Kind aus dem Volke« (F. *Sengle*, S. 597). Daraus folgt sowohl ein Zug zur Lehrhaftigkeit, wie ihn die Ballade vorher nicht in diesem Maße kannte, und die Forderung nach Verständlichkeit: »Was zu denken und zu fühlen ist, wird deutlich ausgesprochen« *(Kayser)*. Dadurch wird auch die Tendenz zur Episierung anstelle gedrängter Dramatik oder volksliedhafter Kürze im Biedermeier erklärbar: die Tendenz zum Erzählgedicht.

Unter den »Tönen« des Biedermeier sind zwei vorrangig, der »rührende« und der Ton, der »Schauder« auslösen soll. Dabei ist es nicht ausschlaggebend, daß es jetzt viele Balladen gibt, die im »eigenen«, d. h. bürgerlichen Milieu spielen, sondern daß diese Töne auch auf die bisher schon bekannten Balladenarten übertragen werden, auf naturmagische oder auf historische Stoffe. Am beliebtesten sind solche ins Trivialliterarische neigenden Motive des rührenden Einzelschicksals, wie z. B. der Tod des einen Geliebten (Chamissos »Treue Liebe«, Geibels »Des Wojewoden Tochter«). Auf diesem Wege kommen auch sozialkritsche Töne in die Ballade, am nachdrücklichsten bei Chamisso (vgl. II, 4).

Wie sehr das Pathos eines Körner, das Pathos der Freiheitskriege der Zeit fremd ist, zeigen gerade die Balladen, in denen die Helden der Freiheitskriege auftreten. Julius Mosens »Andreas Hofer« und »Der Trompeter an der Katzbach« waren wohl deshalb so beliebt, weil sie ganz auf Rührung gestimmt sind. Daß im Biedermeier auch der Deserteur (A. Grüns »Der Deserteur«, Vogl »Der Deserteur«, Wouvermanns »Deserteur«) als »Held« der Ballade auftreten kann, hat Kayser außerordentlich kritisiert: »daß man statt der Vaterlandsliebe als einem erlebten Wert einfach persönliche Gefühle sich auswirken« läßt, ist eben für den Publikumsgeschmack des Biedermeier gerade charakteristisch (*Kayser* S. 205). Heldentum wird mehr als List der Kleinen geschätzt, die sich gegenüber der Übermacht des Großen durchsetzt. »Der rechte Barbier« von Chamisso ist hierfür das beste Beispiel oder Kopischs »Schneiderjunge von Krippstatt«; auch Uhlands »Schwäbische Kunde« läßt sich dazurechnen. Die Schicksals- oder Vergeltungsballade ist deshalb so beliebt, weil in ihr sozusagen weltliche und himmlische Ordnung in Harmonie gebracht wird. Chamissos »Die Sonne bringt es an den Tag«, Daniel Laßmanns »Die Vergeltung« und »Die Vergeltung« der Droste sind alle nach dem gleichen Schema gebaut: »Schuld, Gottesgericht, gnadenvolle Versöhnung« (F. *Sengle,* S. 597). Auch in den Schauerballaden herrscht meistens dieses Schema. Ganz selten wird der Gerechtigkeitssinn des Lesers nicht befriedigt. Entweder wird das grauenvolle Geschehen in letzter Sekunde abgewendet wie in »Der Geierpfiff« der Droste, in Hebbels »Vater unser«, »Vater und Sohn«, oder die Vorsehung führt zur ausgleichenden Gerechtigkeit. Auch die Schauerballaden, die im bürgerlichen Milieu spielen – Räuber und Wilddiebe erscheinen hier als negative Helden –, sind auf Gerechtigkeit und Rührung eingestimmt. Während hier vor allem der Schicksalsgedanke in den Horizont menschlicher Einsicht gebracht wird, so ist das Prinzip der »Vermenschlichung« in den unterschiedlichsten Balladenarten sichtbar. Gerade auch die Naturgeister der immer noch beliebten naturmagischen Ballade werden vermenschlicht, sie verlieren ihre dämonischen Züge und sind damit für die Menschen ungefährlich. Die Elementargeister werden vielfach zu Zwergen und Nixen verkleinert (Kopisch »Die Heinzelmännchen«). Den »Windsbräuten, Wassermännern und Nixen der Simrock, Rapp, Stöber, Neubauer u. a. schaut man mehr oder minder behaglich zu« (*Kayser,* S. 199). Wie wenig damit allerdings über den ästhetischen Wert solcher Balladen ausgesagt ist, zeigt, daß auch Mörikes und Heines Nixen sehr menschliche Züge tragen (Mörikes »Elfenlied«, Heines »Die Elfen«). Auch »Der Knabe im Moor« der Droste – die neben Goethes »Erlkönig« am häufigsten genannte naturmagische Ballade – zeigt biedermeierliche Züge. Für Sengle symbolisiert die »heimatliche Lampe«, das rettende Licht, die Grenze der naturmagischen Kräfte (S. 593). (vgl. II 2 a)

Wenn sich die Dichter des Biedermeier der Geschichte zuwenden, so geschieht das vor allem, um die historische Persönlichkeit (Karl der Große, Rudolf von Habsburg, Barbarossa sind die beliebtesten Themen) menschlich nahezubringen: »Durch die vielen Sagenballaden, die über diese Herrscher in das Bürgertum drangen und dann in den Schulen lebendig erhalten wurden, entstand ein ganz bestimmtes Bild ihrer Gerechtigkeit, Frömmigkeit und Güte, das eher ein Spiegelbild des bürgerlichen Herrscherideals als dieser historischen Gestalten ist« (Kayser, S. 193). Typisch ist auch der gemüthafte Ton im Gegensatz zu dem des pathetischen Heroismus im späteren 19. Jh. Herrscht dort ein oft blinder Aktivismus vor, so werden hier bezeichnenderweise auch Situationen gewählt, die ein Spiegelbild sein dürfen für den Rückzug des Bürgertums in die stille, kleine Welt des eigenen Heims: Die Abdankung Karls V. und sein Rückzug aus der Politik ins Kloster (Hirsch »Karl V.«, Platen »Der Pilgrim vor St. Just«). Ein Mittel der Vermenschlichung ist vor allem der Humor. Gerade an Uhlands späteren Geschichtsballaden hebt Korff die »Gemüthaftigkeit« der Darstellungsweise hervor. Das gilt für die Balladen aus der Rolandssage, für die Balladen um Eberhard den Rauschebart, dem Grafen von Eberstein, für die »Schwäbische Kunde« (IV. S. 254–58). Besonders beliebt waren die Balladen »Heinrich der Vogler« von Johann Nepomuk Vogl oder Kerners »Reichster Fürst«. In beiden Balladen dient die Geschichte eigentlich nur zur Demonstration bestimmter Tugenden, es geht wie auch in Uhlands »Schwäbischer Kunde« und in Fontanes »Archibald Douglas« um die Treue. Damit stehen diese historischen Stimmungsbilder wiederum im Umkreis der rührenden Ballade (vgl. II, 3).

Literatur:

Allgemein

Maar, G.: Die österr. B. d. Biedermeierzeit. Diss. Wien 1952 (Masch.)
Götzinger, M.-W.: Deutsche Dichter. 2 Bde. Leipzig–Zürich 1831/32
Sengle, F.: Biedermeierzeit. Deutsche Literatur im Spannungsfeld zwischen Restauration und Revolution. Bd. 2: Formenwelt 1972

Chamisso

Benzmann, H.: Die soziale B. in Deutschland. 1912
Ehrlich, E.: Das franz. Element in der Lyrik Chamissos. 1932

Freund, W.: Chamisso »Das Riesenspielzeug«: In: D. dt. B. 1978 S.59−66
ders.: Zu Adelbert von Chamissos »Die versunkene Burg«. In: Grimm: Interpretationen, S. 198−212
Schneider, H.: Chamissos Balladentechnik. Diss. Breslau 1916
Studentkowski, K.: Chamissos »Die Sonne bringt es an den Tag« und »Die Tulipan« von L. v. Strauß u. Torney. In: DU 1956, H. 4. S.23 ff

Hebbel

Fischer, J. M.: Studien zu Hebbels Jugendlyrik. 1910
Freund, W.: Hebbel »Der Heideknabe«. In: D. dt. B. 1978 S. 95–102
Jahn, W.: Dramatische Elemente in Hebbels Jugendballaden Diss. Leipzig 1915
Kampe, K.: Hebbels Balladen. 1937
Steindl, M.: Hebbel »Der Heideknabe«. In: Wege zum Gedicht II, S. 346–351

Schwab

Schulze, W.: G. Schwab als Balladendichter. 1914

7. Die Balladendichtung im Berliner »Tunnel über der Spree«

Für die Balladenproduktion in der Mitte des 19. Jh.s ist der Berliner literarische Verein *»Tunnel über der Spree«* wichtig. Diese literarische Gesellschaft, die 1827 von dem Berliner Journalisten Saphir zunächst noch ohne jeden größeren literarischen Ehrgeiz gegründet wurde, erlangte größere Bedeutung, als *Strachwitz, Fontane* und *Scherenberg* Mitglieder wurden. In ihm gab es Offiziere, Professoren, Adlige und Literaten. In den 50er und 60er Jahren hat ein erstaunlicher Anteil deutscher, zu ihrer Zeit renommierter Dichter diesem Kreis als ständige Mitglieder oder als Gäste angehört und dort ihre Dichtungen vorgetragen: Geibel, Heyse, Dahn, Storm, H. Seidel, Kugler, Keller, Hoffmann von Fallersleben, Lingg, H. Grimm. Über mancherlei Krisen hat sich dieser Verein erstaunlich lange – letzte Eintragungen finden sich bis in die 90er Jahre – gehalten. Literatursoziologisch ist dieser Kreis interessant, weil er einen repräsentativen Querschnitt der in dieser Zeit an Literatur interessierten Kreise gibt. Die Protokolle der Sitzungen (in ihnen war genau verzeichnet, welche Dichtungen vorgetragen wurden, welche Bewertung mit welcher Begründung sie erfuhren) geben ein anschauliches Bild von der Balladenproduktion jener Zeit und von ihren ästhetischen Prinzipien.

Ernst Kohler, der die umfassendste Darstellung des Tunnels geschrieben hat, unterscheidet innerhalb des Tunnels drei Epochen. Nach Anfängen mit recht wahlloser poetischer Produktion kommt eine erste Blütezeit in den 40er Jahren: Mit dem Eintritt Strachwitzens war das Hauptinteresse der Ballade gewidmet. Ende der 40er Jahre bis etwa 1860 folgte eine zweite Blütezeit, die unter der Führung Fontanes teht. Die Zeit von 1860 bis zum Ende des Tunnels faßt Kohler unter dem Begriff »Balladenschule« zusammen, ein Begriff, der das Epigonentum der Balladen Geibels, Heyses, Linggs, Dahns u. a. ausdrücken soll.

Schon von Anfang an beziehen die ästhetischen Prinzipien des Tunnels eine doppelte Frontstellung: Die Literatur des bürgerlichen Biedermeier lehnten sie ab, zumal die »entartete« Ballade dieser Zeit. Zum anderen bekämpften sie die in den 40er Jahren so kräftigen Töne einer Zeitkunst, die politische Lyrik, die oppositionelle und soziale Tendenzen hatte. Ihre verstärkte Wendung zur Ballade ist Ausdruck ihrer Kritik an gegenwartsnaher Tendenzkunst, denn wieder führt der Weg zurück zu der »zeitlosen« Kunst eines Percy, der im Tunnel eifrig (auch von Fontane) übersetzt wird. Uhlands Geschichtsballaden sind das eigentliche Vorbild des Tunnels; hier aber wendet man sich vorzugsweise der eigenen vaterländischen Geschichte zu, der brandenburgisch-preußischen. Auch Fontane sollte seine ersten anhaltenden Erfolge im Tunnel und in der breiten Öffentlichkeit mit den Preußenliedern haben (»Männer und Helden« vgl. II. 3).

Die Identifikationsfigur des Kreises wurde in den 40er Jahren der junge *Graf Strachwitz*, der dem Tunnel zwar nur ein starkes Jahr angehörte (1843/44), der aber auch nach seinem frühen Tod Leitfigur blieb. In seinem Leben wie in seinem Werk ist ein starker antibürgerlicher Affekt sichtbar. Neben Byron und Lenau ist er einer jener bohèmehaften »romantischen« Dichtergestalten, die gerade das Bürgertum des ausgehenden 19. Jh.s so liebte. In Strachwitz fand der Tunnel den entscheidenden Wortführer gegen die Tendenzkunst der Jungdeutschen. Das Parabelgedicht »Ein Märchen« kann geradezu als literarisches Manifest dieses Kreises gegen zeitbezogene Formen der Dichtung gelesen werden. Sie steht in seiner Sammlung »Lieder eines Erwachenden«, die gegen Herweghs »Gedichte eines Lebendigen« gerichtet waren. Fräulein Sage empfiehlt da dem Dichter nachdrücklich: »Und wer unter Märchenbäumen / will schlummern ungeniert / Der muß die Welt verträumen / Und wie sie wird regiert!« Ähnlich hatte auch ein anderes Mitglied in dem Prolog zu einem Stiftungsfest (1839) das Bild einer Dichtung entworfen, die als jugendliche Begleiterin das ganze Leben hindurch einen verschönernden und veredelnden Glanz über den grauen Alltag gießt (E. *Kohler* S. 22). Die Gefahr einer »chinesischen Abgeschlossenheit« (ebda S. 38) des Tunnels gegenüber zeitgenössischen Strömungen bestand eigentlich immer; so sehr Scherenberg und Fontane auch versuchten, Verbindungen zur realistischen Literatur herzustellen oder Motive der Gegenwart in ihr Balladenschaffen einzubringen. Für das Ende des Tunnels in den 90er Jahren sind zwei Fakten symptomatisch: Arno Holz hat nur ein einziges Mal an einer Sitzung des Tunnel teilgenommen, noch bezeichnender ist die Ratlosigkeit, die in den Protokollen über Turgenjew dokumentiert ist. – Für den Tunnel wird Strachwitzens von einem aristokratisch-heroischen Lebensgefühl getragenes, idealisiert-mittelalterliches Heldentum bestimmend. Nachhaltig hat er den Balladenstil des 19. Jh.s und die Vorstellungen, die man vom Wesen der Ballade hatte, bis weit ins 20. Jh. hinein geprägt. Sein Ruhm wurde vor allem durch Münchhausen gefestigt, der die Ballade »Das Herz des Douglas« an die allererste Stelle seiner »Meisterballaden« stellt. Strachwitzens romantische Sehnsucht nach der aristokratischen Zeit des Mittelalters zeigt sich in dem vitalen aristokratischen Einzelkämpfertum seiner Helden. Die Stoffe seiner Balladen findet er zum großen Teil in der nordischen Geschichte. So ist z. B. aus einer so lyrischen Konstellation wie die Begegnung mit einem naturmagischen Wesen, wie sie Goethe in »Der Fischer« oder Eichendorff in »Die zwei Gesellen« gestaltet, bei Strachwitz in »Herrn Winfreds Meerfahrt« eine höchst heldenhafte dramatische Auseinandersetzung geworden. Ganz bezeichnend für ihn ist die Ballade »Der Faustschlag«, deren blutrünstige Züge heute vorwiegend komisch wirken würden, wenn es andererseits nicht auch die Gefahren solcher Dichtung zu bedenken gälte. Hier beweist der alte König Helge seine Autorität gegenüber den aufständischen kriegerischen Jarls, die ihn zu kämpferischen Aktionen hinreißen wollen (das Anliegen Helges ist dabei durchaus pazifistisch!) durch die männliche Kraft eines einzigen Fausthiebes: »Er hieb einen Streich, einen Heldenstreich, / daß Helm und Schädel zerbarst sogleich. / Ein krachte vom Hiebe Schlaf und Hirn. / Auf den hallenden Boden der Jarl sank hin; / Da brach den andern der trotzige Sinn.« Noch groteskere Züge hat dieses Heldentum in der Ballade »Ein anderer Orpheus«. Der Aktivismus scheint auch stilistisch das wichtigste Kriterium seiner Balladen zu sein. Schon die Expositionen seiner Balladen sollen quasi von Handlung bersten, statt Erzählung sollen sie Dramatik um jeden Preis enthalten, deshalb der jagende, knappe, abgerissene Stil, »Sprünge und Würfe«, grelle Farben. Alles das mahnt an die Anfänge der Kunstballade, an Bürgers dramatischen Stil, ist hier aber in den Mitteln weit übersteigert. Strachwitz hat statt der Nibelungenstrophe, die wegen ihres epischen Flusses von Uhland gepflegt wurde, vor allem die Chevy-Chase-Strophe genutzt, weil sie mit ihren Möglichkeiten, gedrängte starke Akzente zu setzen, eine größere Dramatik verbürgt. Wenn auch ein großer Teil der ehemals so berühmten Balladen von Strachwitz auch vom Ästhetischen her nicht mehr überzeugen kann – ein Urteil, das fast immer an der Ballade »Das Herz des Douglas« verifiziert wird (Müller-Seidel, Hinck) –, so ließen sich doch an anderen Balladen wie »Die Jagd des Moguls«, »Crillon« oder »Die Perle der Wüste« dichterische Qualitäten durchaus finden.

Strachwitzens Einfluß im Tunnel war so stark, daß sich die ganz andersartige Begabung *Scherenbergs* nicht durchsetzen konnte. Dabei war er durchaus dazu fähig, der Ballade inhaltlich wie formal neue Impulse zu geben, Stoffe der Gegenwart in sie einzubeziehen und den Tunnel so aus seiner »chinesischen Abgeschlossenheit« herauszuführen. Durch seine realistisch-impressionistische Gestaltungsweise (die in manchem den Konversationston des späten Fontane vorwegnimmt) wäre er imstande gewesen, die Vormacht formalistisch-konventioneller Balladenkunst im Tunnel zu durchbrechen. Freilich konnte er sich weder mit dem einen noch mit dem andern im Tunnel durchsetzen. Seine sich stark ans Inhaltliche anschließende Verskunst wurde im Tunnel als Nachlässigkeit kritisiert. Für die Wahl seiner Stoffe ist bemerkenswert, daß er nicht wie eigentlich fast alle anderen ins bequeme weite Feld der Geschichte ausweicht, sondern seine Stoffe aus der Gegenwart nimmt. In den Kriminalballaden »Das Köhlerhaus« und »Ein Gericht« zeigt er Beziehungen zu Chamisso und den Schauerballaden Hebbels. In »Die Exekution« gemahnt die Konstellation an Schillers »Bürgschaft«, doch hat er sich auch hier um ein modernes Zeitgewand bemüht. In »Der verlorene Sohn« gibt er der alten Parabel ein interessantes neues Gesicht.

Auch *Fontanes* dichterische Entwicklung ist nachhaltig von Strachwitz beeinflußt. Für ihn selbst war der Weg zur Ballade ein doppelter Verzicht. Eingestandenermaßen sah er im Lied, in der persönlich empfundenen Aussage die eigentliche Kunstform der Lyrik. Gerne hätte er so gedichtet wie Heine oder Lenau, aber es zeugt von Fontanes Selbstkritik, wenn er im Blick auf seine eigenen liedhaften Versuche erkennt, daß in dieser Kunstform nicht seine Stärke liegt. Ebenso erging es ihm mit dem Drama. Die Ballade erschien ihm als natürlicher Übergang zu den Großformen Epos und Drama. Den politischen Strömungen der 40er Jahre war er offen, so ist er auch beeindruckt von der politisch-sozialen Lyrik Herweghs, Chamissos, Freiligraths. Die Protokolle des Tunnels zeigen nun deutlich, daß Fontanes soziale Balladen, die er hier vortrug, wie »Die arme Else« (»Und alles ohne Liebe«), »Schön Anne«, »Treu Lieschen« nur sehr gemessene Zustimmung fanden, (»Alles ohne Liebe« zeigt große Nähe zu dem Kabarettlied eines Tucholsky oder

Kästner). Offene Ablehnung erfuhr er mit der Übertragung englischer Arbeiterlyrik (Robert Nicoll), deren sozialistische Tendenzen dem preußisch-konservativen, ästhetisch-traditionellen Tunnel zuwider sein mußten: es sei alles, »nur kein Gedicht« (*E. Kohler* S. 143). Fontane hatte, wie er selbst schreibt, seinen eigentlichen Durchbruch im Tunnel mit der Ballade »Der Towerbrand«. Diese frühe, gewiß nicht sehr gute Ballade zeigt doch stofflich, gehaltlich und stilistisch den Balladenstil Fontanes, der in den folgenden Jahren weiter entwickelt wird. Die Wendung zu Stoffen der englischen Geschichte wird durch seine Tätigkeit als Journalist in England und seine Übersetzungen des Percy noch weiter verstärkt: Diese Entwicklung fand ihren vorläufigen Abschluß in der großen Ballade »Archibald Douglas« (1854). »Der Towerbrand« zeigt auch deutlich, was die Ballade Strachwitzens und Fontanes unterscheidet. Im Gegensatz zu dem dynamischen und drastischen Aktivismus bei Strachwitz steht hier das von Fontane später einmal als »clair obscure« bezeichnete Hell-Dunkel atmosphärischer Stimmung, für die stilistisch die Andeutung und unausgesprochene Symbolik kennzeichnend ist. So ist die Tatsache des Towerbrandes in das mystische Licht der Geisterballade getaucht. Diese impressionistische Technik des Andeutens beweist, daß Fontane stilistisch mehr durch Scherenberg als durch Strachwitz beeinflußt war. Zwar demonstrieren Balladen wie »Der Tag von Hemmingstedt«, daß Fontane auch die Technik eines naiven Chronikstils mit epischem Langvers zu Gebote stand. Im Unterschied zu Strachwitzens aristokratischen Helden ist hier aber, im Vorgriff auf Liliencrons »Pidder Lüng«, ein demokratisches Heldentum der Bauern gefeiert. Die eigentliche Stärke Fontanes liegt aber auf dem Weg, den er mit der Ballade »Towerbrand« beschritten hatte. »Schloß Eger« (es handelt sich um den Tod Wallensteins) und »Der 6. November 1632« zeigen die Technik des clair obscure nun in Vollendung, sie zählen sicher zu den besten Balladen Fontanes. Auch die Helden, die sich Fontane wählt, sind nicht die dynamischen Tatmenschen Strachwitzens. Er führt das Balladengeschehen gleichsam nach innen, das Schicksal seiner Helden wird von ihnen mehr erlitten, als daß sie handelnd in es eingreifen würden. Nicht selten tendiert Fontanes Ballade deshalb zum einfachen Lied im Stil der Volksballade, wie z. B. »Marie Duchatel«, eine der freien Bearbeitungen Fontanes aus der altenglischen Ballade, oder das »Lied des James Monmouth«. Freilich fehlt Fontanes Geschichtsballaden der Anspruch auf geschichtsphilosophische Aussage wie etwa in denen C. F. Meyers. In den Balladen aus dem Umkreis der Stuart-Geschichte und der englischen Revolution (»Maria und Bothwell« z. B.) ist eine Art Nemesis der Geschichte spürbar (im

»Towerbrand« erscheinen die Geister der Ermordeten), aber auch in dem, was den inneren Gehalt betrifft, liebt Fontane den Stil der Andeutung. Mehr als eine geschichtsphilosophische Perspektive, in die er seine Helden hineinstellt, bevorzugt er die psychologische Ausdeutung einer inneren Entwicklung: am deutlichsten in den Balladen »Johanna Gray« und »Der letzte York«. Beide behandeln das »Sichselbstfinden des Helden« (E. *Kohler* S.327). In beiden werden die Helden zu Rollen gezwungen, in beiden entwickeln sie sich zum Bewußtsein ihrer eigenen Individualität in der Erkenntnis dieses Müssens. Gerade auch der letzten Ballade, die im Kreise des Tunnels entstanden ist, »Archibald Douglas« (1854), hat man die psychologische Vertiefung gegenüber Strachwitzens »Das Herz des Douglas« nachgerühmt.

Literatur:

Allgemein

Kohler, E.: Die Balladendichtung im Berliner »Tunnel über der Spree« 1940

Strachwitz

Danzig, K.: Gehalt und Form der B. des Grafen Strachwitz. Diss. Leipzig 1932

Egger, F.: Strachwitz »Herrn Winfreds Meerfahrt«. In: Wege zum Gedicht II, S. 351–359

Fischer, G.: Der Verfall d. Gehaltes d. heldischen B. von Strachwitz und Fontane zu den Epigonen (1840–1880) Diss. München 1956

Freund, W.: Strachwitz »Das Herz des Douglas«. In: D. dt. B. 1978, S. 88–95

Gottschalk, H.: Strachwitz u. d. Entwicklung d. heldischen B. Diss. Würzburg 1940

Tielo, A. K. T.: Die Dichtung des Grafen Strachwitz. 1902

Tielo, A. K. T.: M. v. Strachwitz' episch-lyrisches »Nordland« und »Romanzen und Historien«. In: Euphorion 9/10. 1902/03

Fontane

Fleischel, M. P.: J. Maynard – Dichtung und Wahrheit. In: Zs. f. Religions- u. Geistesgesch. Bd. 16, 1964, S. 168–173

Gomez, J.: Th. Fontane. Unveröffentlichte Briefe an Pol de Mont. Ein Beitrag zu F.' Theorie d. B. In: Fontane-Blätter 2, 1969/73

Haas, A.: Th. F. »Herr Ribbeck auf Ribbeck im Havelland«. In: Wege zum Gedicht II, S. 392–400

Henze, W.: Revision eines Urteils. Theodor Fontane: Archibald Douglas. In: Praxis Deutsch 35/1979, S. 44–47

Jolles, A.: Th. Fontane ²1976 [mit Bibliographie]

Kohler, L.: Schloß Eger. In: ZfdU 27, 1913. S. 255–259

Mahlberg, G.: Die Zeitdarstellung u. das Zeiterlebnis in F. »John Maynard«. In: Wirkendes Wort 5, 1954/55, S. 362–365

Lehmann, J.: Th. F. »Schloß Eger«, In: Wege zum Gedicht II, S. 377–397

Martini, F.: Th. F. »Die Brücke am Tay«. In: Wege zum Gedicht II, S. 377–392

Meyer, R. M.: Th. F. Balladen. In: Velhagens & Klasings Mh. 1910, H. 9, S. 65–72

Meyer, K./Rhyn, H.: Die Balladendichtung Th. F. In: ZfdPh. 47, 1918, S. 414–418

v. Münchhausen, B.: Die Meister-Balladen. 1923 (Darin: Archibald Douglas, Lied des James Monmouth)

Nentwig, P.: »Gorm Grymme«. Eine B. von Th. F. In: DU 8, 1956, H. 4. S. 52–60

Pongs, H.: Th. F. »Die Brück' am Tay«. In: Das Bild in d. Dichtung. Bd. 3. 1969. S. 134–138

Remak, H. H.: Th. F. über seine Ballade »Die Jüdin«. In: MLN 53, 1938, S. 282–287

Reuschel, K.: Th. F. nordische B. u. Bilder. In: Festschrift f. E. Mogk. 1924, S. 335–349

Rhyn, H.: Die Balladendichtung Th. F. mit besonderer Berücksichtigung seiner Bearbeitungen altenglischer u. altschottischer Balladen aus den Sammlungen von Percy und Scott. 1914

Richert, H. G.: Zu Fontanes Gorm Grymme. In: Euphorion 60. 1966. S. 125–135

Richter, K.: Stilles Heldentum. Kritik und Utopie gesellschaftlicher Wirklichkeit im Zweiten Kaiserreich. Zu Theodor Fontanes »John Maynard«. In: Grimm: Interpretationen, S. 345–366

Rodger, G.: Fontanes conception of the folkballad. In: MLR 53, 1, 1958. S. 44–58

Salomon, G.: »Wer ist John Maynard?« Fontanes tapferer Steuermann und sein amerikanisches Vorbild. In: Fontane Blätter 2, 1965/66, S. 25–40

Vogeley, H.: John Maynard. In: Wege zum Gedicht II, S. 401–408

Wegmann, C.: Th. F. als Übersetzer englischer und schottischer Balladen. Diss. Münster 1910

Williams, W. D.: Archibald Douglas. In: Wege zum Gedicht II, S. 367–376

Wissmann, P.: Th. F. Seine episch-lyrischen Dichtungen. 1916

8. Heine, Droste, Meyer, Liliencron, der späte Fontane

Ein großer Teil der Balladendichter läßt sich zu festen Gruppen ordnen. Im Hainbund, bei Goethe und Schiller, im Tunnel und später im Göttinger Kreis um Münchhausen sind Balladen quasi in Arbeitsgemeinschaften entstanden. Eine Ballade der Romantik oder eine Ballade des Biedermeiers ließ sich durch inhaltliche und stilistische Gemeinsamkeiten konstituieren. Alle literaturgeschichtlichen Zuordnungen versagen bei Heine, bei der Droste, bei Liliencron und beim späten Fontane. Ihr Balladenwerk muß jeweils als individuelle Leistung gewürdigt werden, Einordnungen und Zuordnungen können daher nur mit großer Vorsicht und unter Vorbehalten geschehen.

Die Geschichte des Tunnel hat zweierlei gezeigt, einmal die quantitative Fülle der Balladenproduktion, die um die Jahrhundertmitte zur beliebtesten Dichtart der Deutschen wird, wie Ignaz Hub in der Vorrede zu seiner Sammlung »Deutschlands Balladen- und Romanzendichter« (1849/50) schreibt; zum andern, daß die Ballade als Gattung wegen ihrer Inhalte, aber auch schon als Form manchen problematisch zu werden beginnt. Es erhebt sich die Frage, ob die Ballade für die Moderne in ihrer Fixierung auf Stoffe der Vergangenheit und in ihrer Orientierung auf alte Muster noch dem Zeitgeist entsprechen kann. Gottfried Keller hat in einem Aufsatz von 1849 »Die Romantik und die Gegenwart« über die Bewegtheit der Gegenwart gejubelt, die politischen Geschehnisse der Gegenwart sind ihm zugleich »unerschöpfliche Quellen für poetische Produktionen aller Art«. Man sieht die Diskrepanz zu den ästhetischen Anschauungen des gleichzeitigen Tunnel. Da hier die Gegenwart aus der Kunst ausgeschlossen wurde, war die Ballade von Anfang an in Gefahr zu antiquieren. Fontane hat diese Gefahr durchaus gesehen, 1854 hat er seine vorläufig letzte Ballade (»Archibald Douglas«) geschrieben, in den 60er Jahren zieht er sich aus dem Tunnel zurück. Keller meinte, die Gegenwart werde auch neue Formen hervorbringen: »Gegenwärtig ringt alle Welt nach einem neuen Sein und einem neuen Gewande [...] eine neue Ballade sowohl wie das Drama, der historische Roman, die Novelle werden ihre Rechnung dabei finden« (Sämtl. Werke Bd II, 1019, ed. Heselhaus 1958). Es scheint aber, daß die Dichtung, die sich auf der Höhe der Zeit fühlte, weg von der eigentümlichen Mischform der Ballade zu den großen Formen des Erzählens tendierte, zur Novelle etwa, einer im 19. Jh. besonders bevorzugten Form, die allerdings durch ihre Verbindung zum Drama auch Verbindungen zur Ballade aufweist, wie gerade an dem Werk der Droste oder C. F. Meyers zu zeigen wäre. Wenn Keller gegenüber dem Primat der Form den Primat des Inhaltlichen fordert, so zeigt auch das die Wende zum reinen Erzählwerk, zum Roman, zur Prosa. Nicht zufällig ist deshalb Kellers eigener Beitrag zur Ballade im Gegensatz einmal zu Formen der »reinen Lyrik« und zu seinem Erzählwerk sehr gering. Exemplarisch ist aber die Entwicklung Fontanes, an dessen Werk die Wendung von der Ballade zum Roman, der seine eigentliche Dichtform werden sollte, am besten sichtbar ist. Seine 1878 an Klaus Groth gerichteten Verse sind eine Absage an die Ballade:

> »So gung dat männig, männig Joahr,
> Awers as ick so rümmer und fortig woahr,
> Do seggt' ick mi: ›Fründ, si mi nicht bös,
> Awers all dat Tüg is to spektakulös,
> War süll all de Lärm? Woto? Upp min Seel,
> Dat allens bummst und klappert to veel‹«

In seinen späten Balladen, von denen noch die Rede sein wird, versucht er, die lauten Töne zu meiden. Aber auch bei Hebbel hat Kayser den qualitativen Vorrang des Erzählwerks, der Novellen, vor den im 19. Jh. so geschätzten Balladen hervorgehoben. Anders verhält es sich freilich im Werk der Droste und C. F. Meyers, gehaltlich und formal gibt es hier zwischen Ballade und Novelle keinen Bruch. Bei *C. F. Meyer* stellt sich für die literarische Wertung ein anderes Problem, das sich freilich auch auf andere Dichter übertragen läßt. Die »Modernität« seiner »reinen Lyrik« ist z. B. vom Georgekreis besonders hervorgehoben worden, demgegenüber wurde das Balladenwerk als zeitgebunden abgelehnt. Dagegen bildet das der Droste mit ihrer anderen lyrischen Dichtung eine Einheit. Genauso verhält es sich mit *Heinrich Heine*. Während sich bei der Droste die Unverwechselbarkeit ihres persönlichen Stils in der reinen Lyrik wie in der Ballade ausdrückt, ist es bei Heine gerade die Verschiedenartigkeit der Stoffe und Formen, die sein lyrisches Werk wie sein Balladenwerk auszeichnen. An Formen- und Stoffreichtum läßt sich ihm nur das Goethes und Brechts vergleichen. Bei Heine ziehen sich die »wesentlichen Phasen der deutschen Balladengeschichte wie in einem Brennpunkt zusammen« (*Hinck* S. 48) Seine Balladen enthalten Töne und Stoffe, die auf die Goethes oder der Romantik rückverweisen und schon Entwicklungen der Ballade im 20. Jh. vorwegnehmen, auf Bierbaum, Wolzogen, Wedekind und ihre Chanson- und Brettldichtung, auf Brecht, Tucholsky, Kästner und Klabund vorausweisen. Sowohl vom Stofflichen wie vom Formalen her widerlegen Heines Balladen alle vorher genannten Einwände gegen die Balladendichtung überhaupt, formal deshalb, weil sie keineswegs auf eine bestimmte Balladentradition festgelegt sind; inhaltlich, weil Heine jede historisierende Tendenz fremd ist, weil in seinen Balladen die Gegenwart, der Zeitgeist thematisiert ist. Es bleibt aber zu beachten, daß Heine hier eine singuläre Erscheinung ist.

Bei Heine gehören z. B. Balladen wie »Die Grenadiere« oder »Belsazar« dem geschlossenen Balladentyp an; ihre durchgeformte Geschlossenheit (*G. Storz* S. 65) zielt auf eine Pointe hin. Daneben gibt es breiter erzählende, vor allem im Spätwerk des »Romanzero«, deren Erzählfluß formal Balladen wie Brechts »Legende von der Entstehung des Buches Taoteking« vorwegnehmen, so vor allem »Der Dichter Firdusi«, »Pomare« »Das Schlachtfeld von Hastings«, »Der weiße Elephant«. Unter den in sich geschlossenen Balladen wiederum entsprechen einige in der knappen, dramatischen Behandlung dem Stil, den Hinck als »nordische Ballade« beschrieben hat (»Belsazar«), andere wiederum wie die »Wallfahrt nach Kevlaar« tendieren als Legendenballade auch innerhalb einer sehr geschlossenen Form zu ruhigem Erzählen. Neben diesen Typen der Ballade läßt sich noch ein dritter erkennen, der dem Bildgedicht nahesteht. Er zeigt sich z. B. in dem Zyklus »Heimkehr« (Nr. 5 »Die Nacht ist feucht und stürmisch«, Nr. 28 »Der bleiche herbstliche Halbmond«). In beiden hat der Sprecher irgendwo außen seinen Standpunkt, im ersten blickt er durch das Fenster in die Stube des »einsamen Jägerhauses«, im zweiten in das »stille Pfarrhaus«. Die Beschreibung des Interieurs ist doch um einen prägnanten Punkt geordnet, aus der sich eine dramatische Handlung entwickeln kann. Die ist freilich nur angedeutet, aber gerade diese Technik des Aussparens und Andeutens ist für die spätere Entwicklung der Balladentechnik wichtig geworden, sie weist auf Keller und die Droste hin, auf Fontane und auf die Technik der Exposition; sie ist »der vorbereitende Stillstand eines weniger ausgemalten, als effektvoll sicher hingeworfenen Bildes – beispielsweise in Balladen C. F. Meyers und Liliencrons« (G. *Storz* S. 69).

Erstaunlich vielseitig ist die Verwendung von Volkslied und Volksballade bei Heine. Kürze und Prägnanz gewinnt er oft gerade vom lyrischen Element des Volksliedes her. In dem mit »Tragödie« überschriebenen balladenartigen Gedicht ist der zweite Teil »Es fiel ein Reif in der Frühlingsnacht« die direkte Übernahme eines Volksliedes, das Heine am Rhein gehört hat. Die Ballade »Es war ein alter König« gemahnt in ihrer Liedhaftigkeit an Goethes »König in Thule«. Auch der so prägnant auf eine Pointe zielende »Asra« hat seinen Ton von der Zeilenbindung des gesungenen Liedes her. Volksballaden als Vorlagen verwendet Heine z. B. in den Balladen »Tannhuser«, »Ritter Olaf«, »Frau Mete«. Aber in seinem Balladenwerk ist die Art der Übernahme changierend zwischen Ernst und Parodie, ohne daß freilich die einzelne Ballade jeweils ganz auf das eine oder andere festgelegt werden könnte. Gerade hier zeigt sich der Reichtum Heines in den Möglichkeiten der Neugestaltung bzw. Umfunktionierung von Formen. Scheint bei »Ritter Olaf« der Stoff ganz der nordischen Ballade anzugehören, so fällt doch die dem Volkslied nachempfundene (»Der Graf bei dem Brunnen«) Abschiedsrede Olafs mit dem Preis des Lebens weit aus diesem Zusammenhang.

»Frau Mete« dagegen kommt durch den Schluß in ein komisches Zwielicht: »Nun hab' ich verloren mein schönes Weib / und meine treuen Hunde«, der »Tannhuser« schließlich demonstriert die Möglichkeit Heines, ganz »aus der Rolle« zu fallen. Unversehens nämlich entwickelt sich die so treu nachempfundene Volksballade zur politischen Satire, indem Heine rücksichtslos aus dem Ton der Vergangenheit in die Gegenwart mit politischen Zeitbezügen umschlägt. Tannhäuser gibt in der Schilderung seiner Rückreise von Rom einen satirischen Überblick über das damalige Deutschland: »Und als ich auf dem St. Gotthard stand, / Da hört ich Deutschland schnarchen, / Es schlief da unten in sanfter Hut / Von sechsunddreißig Monarchen«. Schließlich dient Heine der Stoff der Tannhäusersage und des Venusbergs dazu, um eine in jener Zeit ausgetragene Kontroverse (1836) von Sinnenfreudigkeit gegen Sinnenfeindschaft, Griechentum gegen Nazarenertum, hellenischem Goethe und puritanischem Jakobinern auszufechten (G. *Storz* S. 132). Wie für die Volksballade ist es für Heine typisch, daß er sich nicht eindeutig festlegen läßt. Für ihn sind weniger als für alle anderen Dichter des 19. Jh.s Begriffe wie »Schicksalsballade« oder »Naturmagische Ballade« zutreffend, wenn auch einige seiner Balladen geradezu als Muster für das eine oder andere gelten können. Ebensowenig läßt er sich jedoch auf die Parodie dieser Balladenarten festlegen. Einige seiner Balladen sind durchaus als ernst aufzufassen. Dazu gehören »Belsazar«, »Die beiden Grenadiere«, »Don Ramiro«, »Der Asra« und andere mehr. »Kleines Volk«, »Der weiße Elephant«, »Zwei Ritter« dagegen sind komische Balladen. Das meiste jedoch steht dazwischen. Im Stil der naturmythischen Ballade Eichendorffs sehr verwandt ist Heines balladeskes Lied »Ich weiß nicht, was soll es bedeuten«; ansonsten wird gerade diese romantische Erbschaft durch ironisch humorige »Konfrafakturen« ersetzt (G. *Storz* 136), so in »Die Nixen«, »Die Beiden«, »König Harald Harfagar«. Der Stil der ironischen Desillusionierung ist fast programmatisch in dem balladenartigen Gedicht »Meeresstille« aus dem »Nordseezyklus«, und diese Technik ist auch für Heines Sicht der Geschichte kennzeichnend: Heine stand der herrschenden Bewegung des Historismus, die fast alle Balladendichter in der zweiten Hälfte des 19. Jh.s ergriff, ganz fern. Es gibt, auch in den ernsthaften seiner Balladen, kein heroisches Geschichtsbild (am ehesten noch in »Die Grenadiere«), auch kein aristokratisches Heldentum wie beim Grafen Strachwitz. In Balladen wie »Rhampsenit« oder »Schelm von Bergen« wird diese Art von Geschichtspathos geradezu verspottet, »Der Mohrenkönig« ist eine Absage an das blinde Heldentum, das in anderen Balladen des 19. Jh.s gepflegt wurde. Gerade der unglückliche letzte maurische König auf spanischem Boden wird im Gedächtnis der Menschen bleiben. Auch die zeitentrückte Geschichtsballade im Stile C. F. Meyers ist Heine fremd. Seine Geschichtsballaden enthalten, wie besonders Karl I. beweist, ein politisches Moment (vgl. II 3).

Nachhaltiger als irgend ein anderer hat Heine der Ballade Stoffe der Gegenwart zugeführt. Schon die Ballade des Biedermeier, vornehmlich Chamissos, aber auch Bürgers und die komischen Romanzen der 60er und 70er Jahre des 18. Jh.s hatten ihre Stoffe aus dem sozialen Leben des Bürgertums gewählt. Bei Heine kommt nun der vierte Stand (»Die Weber«) und die Welt der sozial Deklassierten, die Halbwelt der Bohème (»Pomare«) mit hinzu. Diebe und Räuber, Hetären und Dirnen weisen auf das Kabarettchanson eines Bierbaum, eines Kästner, eines Brecht voraus. Die Ballade »Ein Weib« hat Ähnlichkeit mit Brechts »Hanna Cash«, der Stil der Ballade »Jammertal« mit Kästner und Tucholsky.

Ist es bei Heine die große Buntheit der Formen, Stoffe und Gehalte, die sein Balladenwerk auszeichnen, so ist für die *Droste* gerade umgekehrt die große Einheitlichkeit ihrer Balladen kennzeichnend. Der unverwechselbare dramatische Stil, der in seiner Einheitlichkeit höchstens noch in Bürgers Ballade anzutreffen ist, wird bestimmt einerseits durch die vielseitige Verlebendigung ihrer Naturbeschreibung, andererseits gerade auch durch die ungeheure »mikroskopische« Genauigkeit ihrer Naturbeobachtung (B. v. *Wiese* S. 28). Indem aber alles in Bewegung gebracht wird, ist die Balladendramatik gegeben: Der dramatische Balladenstil geht der eigentlichen Handlung voraus (Reinh. *Schneider*). Verse wie »Was glimmt dort hinterm Ginster / Und bildet lichte Scheiben? Nun wirft es Funkenflinster / Die löschend niederstäuben; / Nun wieder alles dunkel« (»Hirtenfeuer«) könnten ohne weiteres Exposition und Rahmen für eine Balladenhandlung geben, und eine Ballade wie »Der Tod des Erzbischofs Engelbert von Köln« beginnt folgendermaßen: »Der Anger dampft, es kocht die Ruhr, / Im scharfen Ost die Halme pfeifen . . .« Manche »Heidebilder« sind wegen ihres Stils, auch wenn eine Handlung fehlt, balladenhaft (»Der Knabe im Moor« ist unter den »Heidebildern«, nicht unter die Balladen eingereiht), jedenfalls bilden die Heidebilder eine Brücke von den lyrischen Gedichten zu den unter der Rubrik »Ballade« versammelten Gedichten, auch zu den (bis jetzt zu wenig beachteten) »erzählenden« Gedichten der Droste. B. v. Wiese hat das Jahr 1840 als das eigentliche Balladenjahr der Droste bezeichnet (S. 27). (Die Entstehung der Balladen konzentriert sich auf wenige Jahre, auf den Rüschhauser Aufenthalt von Anfang 1840 bis August 1841, und auf den Meersburger Aufenthalt Winter 1841/42.) Der Anstoß für die Produktion von Balladen geschah durch Levin Schücking, der für sein Buch »Malerisches und Romantisches Westfalen« Beiträge suchte. So kommt es, daß viele Balladen der Droste aus dem Geist einer bestimmten Landschaft leben, daß sie vielfach Stoffe der westfälischen Sage behandeln (»Der Knabe im Moor«, »Das Fegefeuer des westfälischen Adels«, »Der Tod des Erzbischofs Engelbert von Köln«, »Vorgeschichte«, »Der Fundator« usw.). Ein Ziel dieser Balladen ist es, das Gemälde dieses Stammes durch seine Landschaft, seine Geschichte, seine Sage zu geben. Das für ihre Zeit Moderne, das »Realistische« ihres Vorgehens zeigt sich gerade darin, daß sie – durchaus parallel zu dem Vorhaben der »Judenbuche«, die im Untertitel »Stittengemälde aus dem gebirgichten Westfalen« heißt – den Geisterglauben aus dem Zusammenhang von Landschaft und Sage und aus dem Bewußtsein der Bewohner interpretiert: »Die Droste stellt die Wirkung naturmagischer Kräfte, Geistermotive, Geister- und Wiedergängerscheinungen als eine der heimischen Landschaft und unter ihren Bewohnern erlebte Wirklichkeitserfahrung dar« (*Hinck* 70 f).

Man hat die Balladen der Droste thematisch in zwei Hauptgruppen trennen wollen, in die naturmagischen Balladen und Geisterballaden (zu ihnen gehören »Der Knabe im Moor«, »Fundator«, »Vorgeschichte«, »Das Fräulein von Rodenschild«, »Das Fegefeuer des westfälischen Adels«, »Der Graue«, »Der Schloßelf«, »Der Mutter Wiederkehr«, »Meister Gerhard von Köln«) und in die geschichtlichen und sozialen Balladen (»Der Barmekiden Untergang«, »Bajazeth«, »Der Graf von Thal«, »Vendetta«, »Der Tod des Erzbischofs Engelbert von Köln«, »Kurt von Spiegel«, »Der Geierpfiff«, »Die Vergeltung«, »Die Stiftung Cappenbergs«, »Die Schwestern«). Eine reine Trennung ist aber wohl nicht möglich, weder thematisch und schon gar nicht stilistisch. Auch in der gedanklichen Durchdringung kehren ähnliche Motive als die großen Themen der Droste wieder, ohne daß man bei dem jeweiligen Stoff eine »Idee« im Sinne der Schillerschen Ideenballade destillieren könnte. Zum einen ist es – vor allem in den Geisterballaden – der Gedanke von der »Einseitigkeit und Unzulänglichkeit einer rational-realistischen Welterklärung« und von der »Existenz eines verstandesmäßig nicht begreifbaren Jenseits-Übersinnlichen«, zum andern ist in den Schuld- und Sühneballaden ihr großes Thema »die Existenz der göttlichen Schöpfungsordnung« (Ronald *Schneider* S. 64). Das erste Thema kommt besonders deutlich in den Balladen »Der Graue« oder »Das Vorgesicht« zum Ausdruck, das zweite besonders deutlich in »Die Vergeltung« oder im »Tod des Erzbischofs Engelbert von Köln«. Beide Themen gehören innerlich zusammen. Der »scheinbare Widerspruch von dämonischer und sittlicher Wirklichkeitsauffassung« (B.

v. *Wiese* S. 29) spiegelt auch die »Wirklichkeitsangst und Wirklich-
keitsverzweiflung des 19. Jh.s« (J. *Müller*). Das Phänomen existenziellen Bedrohtseins ist bei ihr aber auf ganz verschiedenen Ebenen
gestaltet, auf einer vergleichsweise naiven in der »Knabe im Moor«
und in größter psychologischer Vertiefung im »Fräulein von Rodenschild« oder in »Die Schwestern«. (vgl. II, 2a–c)

Ganz anders als bei der Droste sind die Balladen *C. F. Meyers*
nicht Ausdruck einer »balladenhaften Lebensstimmung« (Reinh.
Schneider, 322), sondern im Gegenteil Endprodukt des Ringens
höchster künstlerischer Bewußtheit. C. F. Meyer gehört unter den
Balladendichtern des 19. Jh.s zur »klassizistischen« Richtung (dieser
Gegensatz zwischen »realistischer« und »klassischer« hatte im Tunnel eine gewisse Rolle gespielt: Fontane und Strachwitz gehörten zur
ersten, Geibel und Heyse zur zweiten Richtung. Während bei den
»Realisten« das sprachliche Kolorit, die Dynamik betont wurde,
stand für die »Klassizisten« die Geschlossenheit der Form, die Aus-
gewogenheit der Teile, die Geschliffenheit des sprachlichen Ausdrucks und der metrischen Form im Vordergrund. (Wegen der Geschlossenheit seiner Balladen und ihrer größeren Epizität wird
Meyer auch als Fortführer Schillers im 19. Jh. angesehen.) Während
bei Strachwitz und Fontane die »nordischen« Stoffe dominieren und
wiederum Percy das Vorbild ist, gibt für C. F. Meyer die Bildungswelt der italienischen Renaissance und der Antike den entscheidenden Anstoß. Burckhardts »Kulturgeschichte der Renaissance«
(1860) hat seinen ästhetischen und geschichtsphilosophischen Horizont nachhaltig beeinflußt, und seine Geschichtsballaden sind wohl
der geläutertste und verfeinertste Ausdruck des Historismus im 19.
Jh. Für Meyer sind Natur und Ballade gleichermaßen Hieroglyphen
der vom Göttlichen gestifteten Einheit des Universums (F. *Martini*
S. 337). Die Geschichte nimmt er als Künstler auf, und die Kunst bekommt für ihn Erkenntnissinn für das Leben. Deshalb strebt er immer nach symbolischer Vertiefung des Stoffes, ja Meyer ist der Dichter, der das Symbol als »bewußtes Symbol« in den Handlungsbogen
mit einbezieht (*Müller-Seidel* S. 72). Das ist besonders an Gedichten
wie »Die Füße im Feuer«, »Napoleon im Kreml«, »Der Pilger und
die Sarazenin«, »Der Mars von Florenz«, »Das Goldtuch«, »Bettlerballade« abzulesen. In ihnen gelingt gerade dadurch die äußerste
stoffliche Verknappung. Bei Meyer ist der Vorgang der gehaltlich-
formalen Durchdringung eines Stoffes nachzuvollziehen, und die
verschiedenen Fassungen seiner Lyrik, die die Ablösung seiner
Formensprache aus der Tradition der Erlebnisdichtung zeigen, ist
ein von der Forschung vielfach untersuchter Gegenstand. Auch an
seinen Balladen ist eine solche Entwicklung zu sehen. In der frühen

Sammlung »Zwanzig Balladen eines Schweizers« (1864) sind schon viele der später berühmtesten Balladen Meyers enthalten. 18 von ihnen werden in die Sammlung der Gedichte 1882 aufgenommen, allerdings in durchaus gewandelter Gestalt (vgl. II,3).

Bei keinem anderen Dichter des 19. Jh.s ist eine größere Beziehung zur bildenden Kunst zu sehen als bei Meyer. Die von ihm gepflegte Form des historischen Porträts zielt auf die Malerei. Aber auch sonst sucht er wie z. B. in »Der gleitende Purpur« die Symbolik des historischen Moments durch den Ausdruck ins Bildhafte zu steigern: »Die Äußerung der sittlichen Schönheit, die Verzeihung für den aufständischen Bruder des Kaisers wird durch eine gemäldehafte Gebärde dargestellt: der purpurne Königsmantel gleitet über den reuigen Bruder« (J. *Klein*, S. 23 f). Die Beziehung zur Malerei zeigt sich auch in der Verwendung von Gemälden als tableauartiger Exposition, eine Technik, die er auch in seinen Novellen entwickelt.

Meyers Verhaftetsein mit der Bildungswelt des 19. Jh.s, seine aristokratisch-patrizierhafte Gesinnung, sein Klassizismus trugen ihm vielfach den Ruf eines Bildungsdichters ein. Sein prominentester Kritiker, Hofmannsthal, drückte aus, was späteren Generationen befremdlich war:

»Ketzer, Gaukler, Mönche und Landsknechte, sterbende Borgias, Cromwells, Colignys; Medusen, Karyatiden, Bacchantinnen, Druiden, Purpurmäntel, Bahrtücher; Hochgerichte, Tempel, Klostergänge; zweizeilige Strophen, dreizeilige, vierzeilige, achtzeilige; heroische Landschaften mit und ohne Staffage; Anekdoten aus der Chronik zum lebenden Bild gestellt, – Wämser und Harnische, aus denen Stimmen reden, – welche eine beschwerende, fast peinliche Begegnung: das halbgestorbene Jahrhundert haucht uns an; die Welt des gebildeten, alles an sich raffenden Bürgers entfaltet ihre Schrecknisse; ein etwas, dem wir nicht völlig entflohen sind, nicht unversehens entfliehen werden, umgibt uns mit gespenstischer Halblebendigkeit; wir sind eingeklemmt zwischen Tod und Leben, wie in einem üblen Traum, und möchten aufwachen.« (*Hofmannsthal*, Prosa IV, 278 f)

Weit unbekümmerter hat sich *Liliencron* über die Balladen Meyers (und auch Platens) geäußert. Es sei in ihnen kein Feuer, kein Blut, keine geschwollenen Adern, es sei kein Gerassel in ihnen. Zur Ballade gehört für ihn viel »Blut und Schauder«, »ohne daß uns ein Schauder längs des Rückens läuft«, sei ein Gedicht keine Ballade. Diese Kritik zeigt die Befangenheit Liliencrons in Mustern, die auf Strachwitz zurückweisen, und gerade seine berühmtesten Balladen wie »Pidder Lüng« – Gedichte also, die er selbst als Balladen empfunden hat – zeigen deutlich den Bruch (weit mehr als bei Meyer) zwischen seinen Balladen und seinem sonstigen lyrischen Werk. Denn seine impressionistische Lyrik wurde von den Jüngeren durchaus akzeptiert; die Naturalisten M. G. Conrad, O. J. Bierbaum und Holz (»Modern sei der Poet / Modern vom Scheitel bis zur Sohle!«) erhoben gerade ihn zu ihrem Schutzpatron. Sein Balladenverständnis zeigt, daß sich modernes Lebensgefühl und Zeitkolorit eben nicht in der traditionellen Balladenform auszudrücken vermag. So kann man in seiner Ballade ihn nicht als »Bahnbrecher einer neuen Wirklichkeitspoesie« (v. *Wiese*) empfinden. Freilich geht manches in seinen Balladen doch in eine andere Richtung. Eine Ballade wie »Una ex hisce mories« geht, wenn nicht im Gehalt, so doch im Ton über die für ihn sonst typischen heldenhaften Schicksalsballaden hinaus. Gerade in solchen Gedichten, die Liliencron wohl selbst nicht als Ballade angesehen hat wie »In einer Winternacht«, »Krieg und Frieden«, »Hochsommer im Walde«, »Wer weiß wo?«, »Tod in Ähren« (Kayser nennt sie »balladeske Bilder« und nicht Balladen, weil ihnen die »Objektivität, Geschlossenheit und Zielsetzung fehle – S. 267), erkennt Müller-Seidel in der Tendenz zur impressionistischen Auflösung der starr gewordenen Gattungsvorstellungen Ansätze zu einer Fortentwicklung der Ballade (S. 74).

In seinen letzten Jahren hat sich *Fontane* nach Jahrzehnten noch einmal der Ballade zugewandt. Die Gefahren, die von einer Fixierung auf eine bestimmte Norm herkommen, sieht er ganz deutlich: »Die Ballade hat noch nicht abgeschlossen und wir dürfen uns nicht an ein Bestimmtes festnageln, dürfen nicht *eine* bestimmte Form [...] zur Norm erheben.« Fontanes Bedenken richten sich hier gegen die Volksballade, sie lassen sich jedoch übertragen auf die anderen im 19. Jh. geltenden Muster, wie auf das im Falle Liliencrons der heldischen Ballade des Grafen Strachwitz:

> »Beim Balladenschreiben dürfen wir nur ›Anleihen‹ machen, aber wir müssen durchaus von unserem Eigenen dazutun, ja das Eigene muß die Hauptsache bleiben. Oder mit anderen Worten, wir müssen dem alten Balladenton eine neue Stoffwelt, oder der alten Stoffwelt eine neue oder wenigstens einen sehr veränderten Balladenton zuführen. Am Besten ist es, wenn wir *Beides* auffrischen und die alte Ballade nur als einen alten Erinnerungsklang im Ohr behalten« (Fontane-Blätter 2 1969/73 S. 468 f).

In den Balladen »Die Brücke am Tay« (1880), »John Maynard« (1886) und »Herr Ribbeck auf Ribbeck im Havelland« (1889) ist es Fontane beispielhaft gelungen, der Ballade eine moderne Stoffwelt zu erschließen.

Literatur:

Allgemein
Bianchi, L.: Von der Droste zu Liliencron, 1922
Blumberg, S. J.: Die Ballade als künstlerische Notwendigkeit im 19. Jh. (Droste, Hebbel, Meyer, Fontane). Diss. Univ. of California 1980
Hub, I.: Deutschlands Balladen- und Romanzendichter. 1845
Martini, F.: Deutsche Literatur im Bürgerlichen Realismus 1848–1898. ²1964, ³1974

Heine
Andler, Ch.: Le »Romanzero« de Heine. In: Études Germ. 2, 1947, S. 152–172
Bayerdörfer, H.-P.: ›Politische Ballade‹. Zu den »Historien« in Heines »Romanzero«. In: DVjs 46 (1972), S. 435–468
Bräutigamm, K.: H. Heine »Belsazar«. In: D. dt. B. 5/1971, S. 90–99
Buchheit, G.: »Ich weiß nicht, was soll es bedeuten«. In: Muttersprache 1956, S. 143 ff
Christmann, H.: H. Heine »Belsazar«. In: Wege zum Gedicht II, S. 261–267
Dück, H. U.: H. Heine »Die Wallfahrt nach Kevlaar«. In: Wege zum Gedicht II, S. 270–278
Feise, E.: Typen Heinescher Balladen. In: Xenion, 1950
Freund, W.: Heinrich Heine: „Die Wanderratten". Zeitgeschichtlicher Aspekt und dichterische Autonomie. In: WW 26 (1976), S. 122–132
Galley, E.: H. Heine. ⁴1976 [mit Bibliographie]
Gebhard, H.: Interpretationen der Historien aus Heines »Romanzero« Diss. Erlangen 1956
Hahn, K.-H.: »Die Wanderratten«. In: H. Koopmann (Hrsg.): H. Heine. 1975
Herrmann, H.: Studien zu Heines »Romanzero«. 1906
Hinck, W.: S. 48–70
Hinderer, W.: Die Suppe der Nützlichkeit oder mit Speck fängt man Ratten [über Heines Gedichte]. In: Geschichte im Gedicht, 1979, S. 118–127
Jaspersen, U.: H. Heine »Ich weiß nicht...«. In B. v. Wiese (Hrsg.): Die dt. Lyrik. 1959 II, S. 128–133
Kolbe, J.: Ich weiß nicht, was soll es bedeuten. München/Wien 1976, S. 29–47
Koopmann, H. (Hrsg.): H. Heine. 1975 [mit Bibliographie]
Moritz, K.: H. Heine »Schelm von Bergen«. »Belsazar«. In: Dt. B. 1972, S. 101–110
Müller, J.: Romanze und Ballade. Die Frage ihrer Strukturen, an zwei Gedichten H. Heines dargelegt. In: GRM, 1959, IX, S. 140–156
Prawer, S. S.: Heine, The Tragic Satirist, A study of the later poetry 1827–1856. 1961
Preisendanz, W.: Zu Heinrich Heines »Der Apollogott«. In: Grimm: Interpretationen, S. 282–302
Seeger, H.: Der Erzähler in Heines Balladen und Romanzen. Diss. Bonn 1953 (Masch.)

Storz, G.: Der Lyriker H. Heine. 1975

Schmidt, E.: H. Heines »Belsazar«. In: Pädagogische Welt IX. H. 3. 1955, S.132–137

Vordtriede, W.: Heine. Kommentar zu den Dichtungen. Bd. 1. 1970

Wagner, M.: Heines »Schlachtfeld bei Hastings«. Eine Balladen-Parodie. In: HJB 3 (1974)

Weber, W.: Heine »Die Grenadiere«. In: Wege zum Gedicht II, S.267–270

Woerth, H.: Heines »Lorelei« und ihr Urbild. In: Mutterspr. 1956, S.476ff

Woesler, W.: Zu Heinrich Heines »Belsatzar«. In: Grimm: Interpretationen, S.180–195

Droste

Arens, E.: Das Balladenjahr der A. v. D.-H. In: Festschrift des Breslauer Germanistischen Vereins. 1912

Bohusch, O.: A. v. D.-H. »Die Vergeltung«, In: Wege zum Gedicht II, S.299–308

Bräutigam, K.: A. v. D.-H. »Der Knabe im Moor«. In: K. B. (Hrsg.): D. dt. B. ⁵1971, S.72–77

Cämmerer, H.: Zu den B. der Droste. In: DuV Bd 36, 1935, S.231–243

Freund, W.: Das Problem der sozialen Integration bei A. v. D.-H. Aspektanalyse der B. »Der Knabe im Moor. In: Diskussion Deutsch, H. 13, S.226–234

Heselhaus, C.: A. v. D.-H. Werk und Leben. 1971

Hinck: S.70–87

Kayser, W.: Sprachform und Redeform in den »Heidebildern« der A. v. D.-H. In: J. Schillemeit (Hrsg.): Dt. Lyrik von Weckherlin bis Benn, 1965

Klein, U.: Zu Annette von Droste-Hülshoffs »Der Tod des Erzbischofs Engelbert von Köln«. In: Grimm: Interpretationen, S.244–264

Köhler, L.: Der Dualismus in Wesen und Werk der A. v. D.-H. unter besonderer Berücksichtigung der B. Diss. Münster 1948 (Masch.)

Kunisch, H.: Der Knabe im Moor. In: Wege zum Gedicht II, S.309–345

Lucas, F.: Zur Balladentechnik der Annette von Droste-Hülshoff. Diss. Münster 1906

Müller, J.: Zwei Balladen der Droste (»Der Tod des Erzbischofs Engelbert von Köln« und »Der Knabe im Moor«). In: Zs. f. Deutschkunde 55. 1941, S.59–68

Schepper, E.: Über die Sprache in d. lyr. Gedichten u. d. B. der A. v. D.-H. In: DU, 1950. H. 3. S.33–44

Schneider, Reinh.: A. v. D.-H. Gesammelte Werke. o. J.

Schneider, Ronald: A. v. D.-H. 1977 [mit Bibliographie]

Silz, W.: A. v. D.-H. »Der Tod des Erzbischofs Engelbert von Köln«. In: Monatshefte f. d. deutschen Unterricht 55 1963, S.216–224

Thiekötter, H.: A. v. D.-H. Eine Auswahlbibliographie. 1963

Weydt, G.: Naturschilderung bei A. v. D.-H. und A. Stifter. Beitrag zum Biedermeierstil in der Literatur des 19. Jh.s. 1967

Weber, R.: Westfälisches Volkstum in Leben und Werk der Dichterin A. v. D.-H. 1966

v. Wiese, B.: Die B. der A. v. D.-H. In: Jahrbuch der Droste-Ges. I 1947, S. 26–50

C. F. Meyer

Arnold, R. F.: Zu C. F. Meyers B. In: Die Literatur 31, 1928/1929
Brecht, W.: C. F. M. und das Kunstwerk seiner Gedichtsammlung. 1918
Breier, H.: Die Füße im Feier. In: Wege zum Gedicht II, S. 425–437
Fährmann, J.: Bildwelt u. Symbol. Gestaltung in d. Dichtung C. F. Meyers. Studien zur Symbolik in den Gedichten und Novellen. Diss. Freiburg 1964
Fehr, K.: C. F. Meyer. ²1980 [mit Bibliographie]
Freund, W.: C. F. Meyer »Die Füße im Feuer«. In: D. dt. B. 1978 S. 109–116
Guthke, K.: Kunstsymbolik im Werke C. F. Meyers. In: Neuere dt. Literatur, S. 407–418 – Wirkendes Wort. Sammelband 3, 1963
Hansen, N.: Die B. Meyers. Diss. Leipzig 1926
Henel, H.: The poetry of C. F. Meyer. Madison 1954
v. Hofmannsthal, H.: C. F. Meyers Gedichte. In: Wissen u. Leben 18, 1925, u. Ges. Werke, Prosa IV, 1955
Kayser, W.: Uhland »Die Jagd von Winchester« und C. F. Meyer »Jung Tirel«. In: B. v. Wiese (Hrsg.): Die dt. Lyrik II 1959 S. 103–115
Klein, J.: Geschichte der dt. Lyrik. 1960
Laufhütte, H.: Kunst des Indirekten. Zu Conrad Ferdinand Meyer: »Die Füße im Feuer«. In: Grimm: Interpretation, S. 320–339
Moritz, K.: C. F. Meyer »Die Füße im Feuer«. In: Dt. B. 1972, S. 164–170
Müller-Freienfels, R.: »Die Rose von Newport«. In: ZfÄsth. XXXIII, S. 308–316
Nentwig, P.: C. F. Meyer »Der gleitende Purpur«. In: Wege zum Gedicht II, S. 413–425
Unger, R.: Meyer als Dichter histor. Tragik. In: Die Ernte. Festschrift für Muncker. 1926
Werner, O.: Die Schlußworte in C. F. Meyers B. »Die Füße im Feuer«. In: Muttersprache, 1956, S. 61–63

Liliencron

Boetius, H.: Liliencron heute. In: Neue deutsche Hefte 13, 1966, H. 3. S. 125–134
Maync, H.: D. v. Liliencron. 1920
Wichmann, I.: Liliencrons lyrische Anfänge. 1922
v. Wiese, B. (Hrsg.): Liliencrons Werke in 2 Bd. 1977

Fontane

Vgl. III, 7

9. Börries von Münchhausens »Erneuerung der Ballade« um 1900 und die traditionelle Ballade im 20. Jh.

Schon ein knappes Jahrzehnt nach Fontanes letzten Balladen beginnt sich in Göttingen ein Kreis von Studenten um den Freiherrn von *Münchhausen* zu sammeln, um mit ihm eine »Akademie zur Pflege der königlichen Kunst der Ballade« zu gründen. Aus diesem Kreis heraus entstanden mehrere Musenalmanache, die Börries von Münchhausen herausgegeben hat (1895, 1898, sowie in den Jahren 1900–1903; ein später Nachzügler erschien 1923, führt also mitten in unser Jahrhundert). Die Göttinger sahen sich in bewußter Nachfolge zum Göttinger Hainbund (nicht etwa zum Tunnel), von dessen Geist des Aufbruchs sie sich eine Neubelebung der Gattung erhofften. Neben anderen, heute weithin vergessenen Beiträgen enthielten die Almanache Balladen von Agnes Miegel und Lulu von Strauß und Torney, die zusammen mit Münchhausen als die bedeutendsten Vertreter der traditionellen Ballade im 20. Jh. gelten dürfen. Die Literaturwissenschaft ist sich heute weitgehend darüber einig, daß es sich bei der Göttinger Erneuerung wohl mehr um eine »Restauration« handelt (Müller-Seidel, Hinck). Die Zeit ab 1860 sehen die Göttinger als eine Zeit des Niedergangs, deshalb der Rückgriff auf den Hainbund und die Anfänge der Kunstballade. Angesichts der großen Balladenproduktion der 70er und 80er Jahre ist die Aussage Münchhausens wohl nicht zutreffend, die Zeit nach 1860 sei »eine Zeit der Ruhe gewesen«, aber es ist der Herausgebertätigkeit und Vortragstätigkeit Münchhausens doch gelungen, der Ballade eine beachtliche Popularität auch im 20. Jh. zu erhalten (1930 hatten seine eigenen Lyrikbände die Auflagenhöhe von 460 000 Exemplaren erreicht, und die Gesamtausgabe der Balladen 1956 das 75. Tausend). In seinen theoretischen Schriften »Zur Ästhetik meiner Balladen« und in der von ihm herausgegebenen und kommentierten Sammlung »Meister-Balladen. Ein Führer zur Freude« (zuerst 1923, dann in vielen weiteren Auflagen erschienen) formulierte Münchhausen eine Fülle von Urteilen, die als gängige Klischees das Bild von der Ballade bis in die Gegenwart hinein bestimmen. Kayser konnte sich mit seiner These, die Ballade sei im wesentlichen eine deutsche Gattung, vor allem auf Münchhausen berufen: »Ja, es kam einmal alle Ballade aus dem Norden von den Blaublonden her über die staunende Welt«. Die Ballade ist für Münchhausen eine romantische Gattung, und romantisch ist für ihn gleichbedeutend mit mystisch, so daß von hierher eine Trennungslinie zur romanischen Romanze gezogen wird. Ansätze zu einer rassistischen Literaturwissenschaft zeigen sich in seiner Behauptung, die Ballade sei besonderer Ausdruck niederdeutschen Wesens. So zieht er eine Linie von Bürger zur Droste, zu Freiligrath, Hebbel, Groth, Dahn, Liliencron, Lulu von Strauß und Torney, Agnes Miegel. Wohl gegen die herrschende Zeitströmung des Naturalismus gewendet, sieht er in der Ballade besonders aristokratische Gesinnung und Stilhaltung verwirklicht. Er baut dieser Gattung geradezu eine neue »Ständeklausel« ein (*Hinck* S. 103):

»Die königliche Dichtung, die farbensprühende, lebenzitternde, starke Ballade ist wieder erwacht [...] Das ist die Ballade. Hier jammern nicht kleine Leutchen ihre kleinen Schmerzen aus, hier weht nicht der üble Geruch der Vielen. Große grade Menschen gehen ihre graden Wege, stolz und unbekümmert sind sie und wissen nichts von ›differenzierten‹ Gefühlen. Heiß und jäh sind Haß und Liebe [...] Feierlich sind diese Menschen, wie alle, die viel an Höfen waren, – gute Sitte gilt nur dem nichts, der nicht im Herrenstande erzogen wurde. Sie lieben aber auch Lärm und Fröhlichkeit, Kampf und Sieg, Jagd und Feste. Und über allem liegt der streng stilisierte balladische Ausdruck wie ein Brokatgewand . . .«

Kein Wunder, daß er den Grafen Strachwitz als sein eigentliches Vorbild ansieht. Als Ausdruck dieser extrem aristokratischen konservativen Gesinnung mag Münchhausens eigene »Mauerballade, 1794« stehen. Die Jahreszahl weist auf die Spätphase der französischen Revolution, die folgendermaßen charakterisiert wird: ». . . Jenseits der Mauer heult ein schmutzig Meer / In giergen greifenden feigen Wellen her / [...] Diesseits der Mauer kämpft der Edelmann . . .« Der plebejischen Revolution steht also die Gesinnung des französischen Adels gegenüber, die sich gerade angesichts der Sterbestunde als vollendetes höfisches Zeremoniell darstellt, und diese Gesinnung erweist sich als letzte, unvergängliche »Mauer«, die den Adel von den Plebejern trennt, nachdem alle anderen (vergänglichen) Mauern des Adels gefallen sind.

Doch wäre es verfehlt, von dieser Ballade oder auch von den zitierten theoretischen Äußerungen auf das balladische Gesamtwerk zu schließen, das 200 Balladen umfaßt. Schon ein Blick auf das Inhaltsverzeichnis des von Münchhausen selbst zusammengestellten »Balladenbuches« zeigt eine erstaunliche inhaltliche Vielseitigkeit. Auch formal ist Münchhausen virtuos und vielseitig. Diese Vielseitigkeit, die Degener mit dem Begriff »eklektischer Formenpluralismus« umschreibt, ist nicht nur typisch für Münchhausens Balladenwerk, sondern ein Zeichen für die Epigonalität Münchhausens und seines Kreises. Der Formenpluralismus ist darüber hinaus typisch für die traditionelle Ballade im 20. Jh. Wie eines seiner Vorbilder, Felix Dahn, bezieht Münchhausen die Stoffe seiner Balladen aus dem gesamten europäischen Kulturkreis, ein Teil geht noch darüber hinaus. Neben diesem stofflichen Reichtum findet sich auch ein erstaunlicher gehaltlicher Pluralismus:

»So zeigt sich Münchhausen beispielsweise in einigen Gedichten als schroffer Anwalt einer ständisch-aristokratischen Gesinnung (»Der Marschall«). In anderen Beispielen huldigt er einer sozialen Mitleidsethik (»Die Grabsteine«). Oder er macht sich gelegentlich zum Sprecher eines kriegsliebenden und todesverachtenden Heroismus, (»Bayard«), um an anderer Stelle einer sentimentalen Friedensliebe das Wort zu reden (»Das Heimweh-Beet«).« (*Degener* S. 5) Seine formale Virtuosität zeigt sich in müheloser Aneignung unterschiedlicher Stil- und Sprachebenen: »Münchhausen schreibt im Stile der Edda (Edda-Gesänge). Er sucht sich an die Bibelsprache Luthers anzulehnen (Das Buch Juda), imitiert aber auch gewisse Züge einer unbehilflichen Zigeunersprache. Daneben zeigt er eine streng durchstilisierte, figurenreiche Rhetorik (»Bauernaufstand«), greift jedoch gelegentlich auch eine volkstümliche Märchen- und Volksballadensprache auf (»Der Räuberbräutigam«), dichtet im Stil der Überbrettl-Autoren (Pagenballaden) und bedient sich gegebenenfalls gar einer klassizistischen Hochsprache (»Kant« u. a.).« (*Degener* S. 6)

Von *Agnes Miegel* sagt Münchhausen: »Ich bin nicht wert, die Riemen ihrer Schuhe zu lösen. Agnes Miegel ist der größte lebende Balladendichter. Ihre Balladen klingen jede so unerhört alt und neu zugleich, als ob Grimm sie eben als Perle aus dem Meere der mittelalterlichen Balladendichtung gefischt hätte. Sie hat in sich einen Teil jener wunderbaren Kraft, die die alten Volkslieder schuf«. Schon der Hinweis auf das »Alter« bzw. die Zeitlosigkeit der Balladen zeigt, daß unbeschadet ihrer dichterischen Schönheit die Balladen der Miegel, die naturmagische oder totenmagische Stoffe behandeln, einen altertümlichen Bewußtseinszustand anstreben, der weit hinter die moderne Interpretation ähnlicher Stoffe durch die Droste zurückweist. Es wird ihr nachgesagt, die heimische Landschaft (Ostpreußen) habe für sie eine ähnliche Bedeutung wie für die Droste. Das trifft für eine Ballade wie »Die Frauen von Nidden« auch durchaus zu. Hier tritt die Natur (die Düne) als Schicksalssymbol neben die menschliche Historie (Krieg, Pest). Da endet aber auch schon die Ähnlichkeit mit der Droste, deren dramatische Sprachbehandlung sie auch gar nicht anstrebt. In ihren historischen Balladen ist sie vielfach – wie auch in ihren Stoffen – Fontane verpflichtet (»Anna Bullen«, »Maria Stuart«, »Graf Bothwell« usw.). Auch bei ihr steht statt des heroischen aktivistischen Helden der leidende, passive Held im Vordergrund, an ihm vollzieht sich sinnbildhaft das Leben als magisches Verhängnis (»Chronik«, »Braune Bärbel«, »Agnes Bernauerin«, »Siebenschön«). Stilistisch ist sie sehr vom Jugendstil beeinflußt (wie auch Münchhausen in manchen seiner Balladen), das zeigt sich schon in der Wende von der Geschichte zum Märchen (»Das Märchen von der schönen Mete«, »Die Mär vom Ritter Manuel«), von der realistischen Gestaltungsform zur symbolistischen, in der Komposition wie z. B. in der Rahmenbildung (»Ritter Manuel«, »Die Nibelungen«) und im »stimmenden Akkord« (»Vorgänglichkeiten durch mehr oder minder selbständige einstimmende Bilder, Gleichnisse und spruchhaft knappe Reflexion zur geschlossenen Form abzubilden« – *Degener* S. 18). Eine Stileigentümlichkeit des Jugendstils zeigt sich auch in der strengen Sprachstilisierung, in der Neigung zu Metaphern, die zu dunklen Vergleichen führen, in der Tendenz zu symbolträchtigen Gesten: ». . . Da neigt sich / der König still, griff eine Hand voll Erde / aus einer Schale, drin die Rosen glühten, / und wies sie still dem Suchenden« (»Ritter Manuel«).

Von der literarischen Produktion ihrer Gegenwart hat *Lulu von Strauß und Torney* gesagt »Mir kommt immer vor, unsere Zeit hat völlig das Organ für Verständnis oder Erschaffung des Großen, Einfachen, Starken verloren. Ich habe dafür kein Organ für die Raffiniertheit, aber das tut mir auch gar nicht leid« (zit. n. *Cl. Heselhaus*, S. 141). Heselhaus hat ihr literarisches Werk als Ausdruck des »literarischen Konservativismus« gewertet, es handle sich um ein entschiedenes »An-der-Zeit-Vorbei«. So hat sie denn auch versucht, »das Große, Einfache und Starke« in ihren Balladen auszudrücken, indem sie große Situationen des Lebens – oft mythisierend und heroisierend und ohne Sentimentalität – darstellt. So die Begegnung mit dem Tod, am charakteristischsten wohl in der Ballade »Mara« (als eine Art »Gott und die Bajadere« im Jugendstilgewande könnte man sie bezeichnen), so den Kampf gegen die Elemente in »Die Seefahrer« und »Schiff ahoi«. Sie vertritt mehr als die Miegel den von Münchhausen geforderten Aristokratismus. Doch handelt es sich bei ihr weniger um einen ständischen Aristokratismus als um einen Aristokratismus der Gesinnung, den sie vorzugsweise an ihren Frauengestalten (»Elena Laskaris«, »Die Mutter«) zeigt. »Bauernadel« heißt eine ihrer frühen Erzählungen (1901). Dieser Titel charakterisiert die Tendenz, auch die tieferstehenden Schichten zu »aristokratisieren« (Hinck S. 106). Eine aristokratische Gestalt ist der alte Bergwerksarbeiter Jan Willem in »Der Gottesgnadenschacht« oder Nils Klaasen in »Die Christnacht der Hallig«. In »Des Braunschweigers Ende« setzt sich wie in Liliencrons »Pidder Lüng« Bauernstolz gegenüber Fürstenstolz durch.

Literatur:

Allgemein

Degener: S. 1–59

Bastian, H.: Balladendichtung und Weltgefühl. Diss. Bonn 1935

Hell, H.: Studien zur dt. B. der Gegenwart. Diss. Bonn. 1937

Kayser, W.: Die Erneuerung der B. um 1900. In: Die schöne Literatur 1939

Ott, St.: Die Ballade, eine germanisch-deutsche Dichtungsgattung. In: Aus Unterricht u. Forschung. Heft 9/10 Jg. 1938. S. 375–92

Scher, H. L.: The Germ. ballad. Tradition and transformation. Münchhausen and Brecht. Yale Univ. 1967 Diss.

Münchhausen

Döring, H. W.: Münchhausen »Hunnenzug«. In: Wege zum Gedicht II, S. 477–484

Enders, C. B.: B. v. Münchhausen und d. dt. B. In: Mitteilungen d. Lit.-hist. Ges. Bonn, 8. Jg., 1914, H. 7/8

Hachgenei, W. J.: B. v. Münchhausen »Alte Landsknechte im Himmel«. In: K. Bräutigam (Hrsg.): D. dt. B. ⁵1971, S. 134–144

Knippka, K.: B. v. Münchhausen u. d. Gesch. der dt. B. In: Preuß. Jahrb. Bd. 196, 1924

v. Münchhausen, B.: Die Meisterballaden. Ein Führer zur Freude. 1. Aufl. 1923, ¹⁰1940

v. Münchhausen, B.: Zur Ästhetik meiner Balladen. Bausteine f. d. Ästhetik d. dt. B. In: Dt. Monatschrift f. d. gesamte Leben der Gegenwart. Bd. 11 (1906/07)

Neis, E.: B. v. Münchhausen »Ballade vom Brennesselbusch«. In: Wir interpretieren Balladen. 1968

Miegel

Boer, L.: A. Miegel und ihre B. Diss. Breslau 1930

Bräutigam, K.: Agnes Miegel »Schöne Agnete«. In: K. Bräutigam (Hrsg.): Die dt. B. ⁵1971, S. 117–126

Gollwitzer, U.: Agnes Miegel »Die Mär vom Ritter Manuel«. In: Wege zum Gedicht II, S. 500–509

Meier, R.: Agnes Miegel »Die Bernauerin«. In: Wege zum Gedicht II, S. 115–122

Moritz, K.: A. Miegel »Die Mär vom Ritter Manuel«. In: Dt. B. 1972 S. 170–178

Seel, F.: A. Miegel »Die Frauen von Nidden«. In: K. Bräutigam (Hrsg.): D. dt. B. ⁵1971, S. 126–134

Sitte, E.: Wasser und Erde. Versuch einer Symbolinterpretation von Balladen A. Miegels. In: DU 1956, H. 4. S. 61–69

Taraba, W. F.: »Die Mär vom Ritter Manuel«. In: B. v. Wiese (Hrsg.): Die dt. Lyrik II, 1959, S. 378–388

Wetzel, J.: Zu Agnes Miegels »Nibelungen«. In: ZfDK 1940, S. 116 ff

Neis, E.: L. v. S. u. T. »Libussa«; »Die Tulipan«; »Schiff ahoi«. In: Wir interpretieren B. 1968

Reichert, W.: Strauß-Torney »Die Tulipan«. In: Wege zum Gedicht II, 509–517

Steiger, H.: Die Balladenkunst der L. v. Strauß u. Torney. In: Hochland 18. Jg., Bd. 2

Studentkowski, K.: Chamissos »Die Sonne bringt es an den Tag« und »Die Tulipan«. In: Wege DU 1956, H. 4, S. 23 ff

10. Die moderne Ballade im 20. Jahrhundert

Die Balladenkunst, die während des Nationalsozialismus gepflegt wurde, die Balladen, die damals gedichtet wurden (Blunck, Böhm, Vesper), und die älteren, die in Anthologien und Schullesebüchern verbreitet wurden (vornehmlich die von Münchhausen und seinem Kreis) trugen dazu bei, daß nach 1945 die ganze Gattung in Mißkredit geraten war. Schon vorher schien es so, als ob die moderne Dichtung des 20. Jh.s ganz von dieser Form abgerückt wäre. Benns negatives Urteil über die Ballade beweist das (*Müller-Seidel* S. 11), und Käte Hamburger hat als erste begründet, warum die Ballade wegen der ihr innewohnenden archaischen Bewußtseinshaltung als museale Gattung angesehen werden müßte (Die Logik der Dichtung, 1. Aufl. 1957, S. 216). Müller-Seidel glaubte, daß die Ballade ähnlich wie die sogenannte Erlebnislyrik eine Form des 18. und 19. Jh.s sei: »Es sieht so aus, als habe die Ballade in Deutschland ihre Geschichte gehabt« (S. 17/83). Inzwischen – innerhalb von etwa 15 Jahren – hat sich da Bild gründlich gewandelt. Von einem Überdruß an der Ballade könne keine Rede mehr sein, meinen Ingrid Röbbelen und Walter Henze (Ballade. In: Praxis Deutsch 35, S. 14). Als Beweis dient ihnen die Tatsache, daß bei vielen Liedermachern, wie z. B. Hannes Wader und Wolf Biermann, ein ganz überwiegender Teil ihrer Lieder balladesk sind. Auch die Literaturwissenschaft sieht heute die Stellung der Ballade innerhalb der Lyrik des 20. Jh.s differenzierter. Auch die Ballade hatte teilgehabt an der »allgemeinen Revolution von Lyrik, Epik und Dramatik«, meint Karl Riha in seiner Einleitung zu »Chanson, Moritat, Bänkelsang«, so daß man in der Tat von »einer Geschichte der modernen Ballade« sprechen dürfe (S. 8). Freilich gibt es noch weniger als früher einen fest umrissenen Balladenbegriff, das ist schon an den changierenden Begriffen wie »moderne Ballade«, »Erzählgedicht«, »balladeske Züge in der modernen

Lyrik« abzulesen, deren sich die Wissenschaft bedient, um die unterschiedlichsten Phänomene zu ordnen. Ganz unterschiedlich sind auch die Ansätze, die gewählt wurden, um die Geschichte der modernen Ballade darzustellen. Auf die »Kabarettballade«, auf Chanson und Bänkelsang als eine Entwicklungslinie der Ballade im 20. Jh. haben Degener und Riha aufmerksam gemacht (vgl. I, 4).

Der Ballade wurden vom Anfang des Jahrhunderts über die Literaturparodie von Holz eine Vielzahl früherer trivialer Literaturmuster wie das Couplet, der Bänkelsang, die Reportage, schließlich auch Formen kirchlicher Gebrauchsliteratur zugeführt von Mehring, Wedekind, Tucholsky, Ringelnatz, Kästner, Klabund und vor allem durch Brecht. Bekanntlich hatten auch Gleim, Herder, Bürger und Brentano auf vorklassische populäre Literaturformen zurückgegriffen, doch während ihnen die »Volkspoesie« als unerreichtes Muster poetischer Schönheit galt, ist es hier gerade die Trivialität der Muster, die zur Nachahmung reizt. Und während den Dichtern des 18. und 19. Jh.s die Ballade als höchste Kunstform galt, haben die modernen Balladendichter von Wedekind bis Biermann keineswegs mehr die Absicht, absolute Kunst zu machen, die auch unabhängig von einem konkreten Publikum Ewigkeitsanspruch besitzt. Bei aller künstlerischen Souveränität im Umgang mit alten und neuenwickelten Formen sehen sie die Ballade als Gebrauchsform. Den Begriff »Gebrauchslyrik« hat Mehring eingeführt, Brecht und Kästner nehmen ihn auf. Mit besonderer Vorliebe werden deshalb auch die Muster der kirchlichen Gesangs- und Erbauungsliteratur parodistisch eingesetzt. Von Tucholsky gibt es »Fromme Gesänge«, von Mehring das »Ketzerbrevier«, von Brecht die »Hauspostille«. So wird die Ballade auf vielfache Weise aus der Isolation befreit. Chanson, Couplet und Bänkelsang sind besonders kommunikative Formen, Wedekind und Brecht haben ihre Balladen selbst zur Gitarre vorgetragen. Während im 18. und 19. Jh. der Balladenvortrag fast ausschließlich Deklamationskunst war, wird sie jetzt in der damals neuentstandenen Kleinkunstbühne des Kabaretts mit Hilfe von Mimik und Gestik, Musik und Verkleidung in szenischen Zusammenhang gebracht. (Mehring gibt z. B. zur »Kartenhexe« die Anmerkung: »Szene aus den Hinterhäusern Berlins. Das arme Mädchen läßt sich von der abgefeimten Alten ›alles Liebe und Schöne‹ für ihr sauer erworbenes Geld versprechen«.) Beim späteren Brecht schließlich werden seine Songs und Balladen zu integralen Bestandteilen seiner Theaterstücke. Kabaretts (französisch = »Schenke«) waren nach dem Vorbild des Pariser »chat noir« (1880) zunächst in Berlin (»Überbrettl« 1900, »Schall und Rauch« 1901), dann in München (»Scharfrichter« 1902) gegründet worden. Die Kabarettballade hatte ihre Blütezeit vor dem Ersten Weltkrieg mit Wedekind, in den Zwanziger Jahren mit Mehring, Tucholsky, Ringelnatz, Kästner und Klabund.

Die Kabarettballade ist entstanden über die Balladenparodie von *Arno Holz.* Von ihm wird berichtet, daß er ein einziges Mal an den Sitzungen des Berliner »Tunnel« teilgenommen habe. Vielleicht war das für ihn mit ein Anstoß für sein großes literarisches Monster-Kabarett »Die Blechschmiede«. Im ersten Akt wird ein Sängerwettstreit ausgefochten: »Der Kampf der Skalden, Barden, Minstrels, Lauten- und Lurenschläger«. Hier wird besonders auch die Ballade des 18. und 19. Jh.s parodiert, Schillers Ballade zumal, und das Ende der Kunstballade wird mit den Versen proklamiert »Ausgeseufzt hat die Romanze, / die Ballade hat gebumst«.

Wedekind hat mit siebzehn Jahren eine Ballade in Bänkelmanier auf die Ermordung Alexander II. (1881) geschrieben. Schon hier wird die Stoßrichtung der Bänkel-Parodie deutlich. Sie richtet sich gegen das Bürgertum und seine verlogene moralische und politische Weltanschauung. Im Stile der Moritatenmoral heißt es da: »Furchtbar reift des Bösen Saat! / Himmel welch ein Attentat! / Salomon der Weise spricht: / ›Nihilisten traue nicht‹.« Der berühmte »Tantenmörder« ist durch die Bänkelballade »Schaurige Mordtat wie zwei Brüder, Müller geheißen, am 20. Juni 1736 ihre Tante in Berlin ermordeten« angeregt worden. Wie hier sind die Helden der Wedekindschen Balladen in »Brigitte B.«, »Der Lehrer von Mezzodar«, »Die Keuschheit« Kleinbürger, Lehrer, Verkäuferinnen, Plätterinnen usw. Ihnen entgegengestellt sind die Verführer, die Dirnen, die kriminellen Elemente. Schockierend für die bürgerliche Moral ist, daß immer wieder die »böse Tat«, von denen in diesen Bänkelliedern gehandelt wird, keineswegs nur den Kriminellen zugerechnet wird, sondern auch den braven Bürgern, den »engelreinen« jungen Mädchen. So sind die Helden des Kabarettliedes der Zwanziger Jahre vielfach die von der Gesellschaft Ausgestoßenen, die Vagabunden, die Dirnen, Kriminellen, die Soldaten, Matrosen usw., gleichzeitig aber auch die Bürger. Im Gegensatz zu der sensationellen »bösen Tat« geht es *Klabund, Ringelnatz* und *Kästner* gerade um die triviale Alltäglichkeit des »bürgerlichen Heldenlebens«, so in Ringelnatzens »Geseire einer Aftermieterin« oder »Baladette«, in Klabunds »Wirtschafterin«, in Kästners »Sachlicher Romanze« oder »Kurt Schmidt, statt einer Ballade«. Während, was bei Wedekind noch umstritten ist, Tucholsky und Mehring mit ihren Songs und Balladen eindeutig politische Absichten verbanden, sieht Kästner seine Balladen mehr als »Therapie des Privatlebens«.

Eine andere Tradition der Literaturparodie führt von Holz zu den

Formen der Groteskpoesie bei *Christian Morgenstern*. Er lieferte Literaturparodien für »Schall und Rauch«. Auch bei Brecht, bei Tucholsky und anderen führt die Parodie der alten Formen zur Kritik an den Wertvorstellungen der Gesellschaft, Morgenstern jedoch hebt mit seiner Sprachzertrümmerung gleichsam die ganze konventionelle Weltsicht aus den Angeln. Auch er benutzt in seinen »Galgenliedern« (1905) den bänkelsängerischen Rollenmonolog der gehenkten Verbrecher wie gleichzeitig auch Heym in »Die Toten auf dem Berg«, doch mit entgegengesetzter Absicht: »Die Galgenpoesie ist ein Stück Weltanschauung. Es ist die skrupellose Freiheit des Ausgeschalteten, Entmaterialisierten, die sich in ihr ausspricht [...] Man sieht vom Galgen die Welt anders an, und man sieht andere Dinge als Andere«. Dieses Programm, die Welt anders zu sehen, ist auch das Prinzip weiterer Gedichtsammlungen Morgensterns, in denen er andere Helden zu Sprechern macht: »Palmström« (1910), »Palma Kunkel« (1916). Seine »Galgenlieder« sind »dem Kind im Manne gewidmet«, sie wollen den Menschen in der Kunst, im Spiel unbeschränkte schöpferische Freiheit geben. Mit seinen unnachahmlichen Texten (sie gelten als besondere Spielart des Erzählgedichts im 20. Jh.) wurde Morgenstern zum Vater der Unsinnspoesie in deutscher Sprache. Von ihm aus laufen Beziehungen zum Dadaismus, zu Hans Arp, Hugo Ball und Kurt Schwitters bis hin zu den Autoren der Wiener Schule, Artmann und Raoul Tranchirer, auch zu Balladen von Rühm, Grass und Meckel.

Brecht hat Wedekind verehrt, der Einfluß seiner Bänkellieder auf den frühen Brecht ist unverkennbar (»Apfelböck oder die Lilie auf dem Felde« und »Von der Kindsmörderin Marie Ferrar« beruhen auf wirklichen Kriminalfällen). Brechts Balladenwerk ist aber zu vielseitig, als daß man es ausschließlich in den Zusammenhang der Kabarettballade stellen könnte. Wenn Hinck von Heine gesagt hat, in seinen Balladen zögen sich die wesentlichen Phasen der Balladengeschichte wie in einem Brennpunkt zusammen (S. 48), so gilt das ebensosehr für Brecht. Die Anfänge Brechts stehen unter dem Einfluß Wedekinds und Mehrings, doch hat sein Balladenstil manche Beziehung zum Expressionismus (den Brecht selbst mehr und mehr ablehnte). Außerordentlich früh hat Tucholsky in seiner Kritik der »Hauspostille« den dichterischen Rang Brechts erkannt, er nannte in einer an lyrischen Begabungen gewiß nicht armen Zeit Benn und Brecht die herausragenden Autoren. Schon die frühesten Anfänge zeigen Brecht zugleich als eigenständigen Balladendichter. Die »Moderne Legende« von 1914 ist eine Antwort auf den allgemeinen Kriegsjubel jener Zeit. Mit der Klage der Mütter über den Tod ihrer gefallenen Söhne schlägt Brecht ein Thema an, das ihn sein ganzes

Leben nicht mehr verläßt. Die Warnung vor dem Kriege und die Demaskierung falschen Bewußtseins und der hinter dem Kriege stehenden Interessen sind thematisiert in frühen Balladen wie z. B. »Der Fähnrich«, »Legende vom toten Soldaten«, in den späteren vor und nach dem Zweiten Weltkrieg geschriebenen wie die »Ossegger Witwen«, der »Kinderkreuzzug«, oder »Der anachronistische Zug oder Freiheit und Democracy«. Andererseits hatte Brecht das Bedürfnis, Heldentum und heldenhaftes Verhalten balladesk zu gestalten (wenn auch nicht im Stil der traditionellen Heldenballade). Jedenfalls zeigen die Gedichte »Der Tsingtau-Soldat« und »Nachruf auf den Spion Hans Lody« eine ganz andere Haltung Brechts. Weil er aber mehr und mehr das wahre Gesicht des Ersten Weltkriegs erkannte, wandte sich Brecht in der Suche nach Helden zunehmend in exotische Gegenden: Es sind Seeräuber, Vagabunden, Abenteurer, anonyme Pioniere. Die amerikanische Stoffwelt führten ihm die Erzählungen des Amerikaners Bret Harte (1836–1902) zu, die Welt des Dschungels und der Südsee Rudyard Kipling (1865–1936), dessen Soldatenballaden Brecht in der »Ballade von den Seeräubern«, in der »Ballade von den Abenteurern«, im Lied der drei Soldaten« usw. nachahmte. Für die »Mahagonnygesänge« wiederum waren die Songs von Mehring das Vorbild, so im »Alabama-Song« und »Benares Song«. Brecht teilte schließlich die Begeisterung seiner Generation für den genialen Vaganten-Sänger François Villon (1430–1463) – Mehring nannte ihn »unseren Schutzpatron« –, dessen »Testamente« weniger Erzählgedichte oder Balladen sind, sondern lyrische Autobiographien. Brecht hat Villon zum Helden gemacht in den Balladen »Vom François Villon« (eine Ballade über François Villon gibt es auch von Wolf Biermann), seinen Stil hat er adaptiert in »Vom armen B. B.« oder in »An die Nachgeborenen«. Villon thematisch verwandt sind viele Songs der »Dreigroschenoper« (so »Die Ballade vom angenehmen Leben« oder die »Ballade, in der Macheath jedermann Abbitte leistet«. Gerade wegen wörtlicher Übernahmen der Villon-Übersetzung von Klammer bezichtigte ihn Kerr des Plagiats. Doch ungeachtet der vielen Vorbilder und der unzähligen Literaturmuster, die Brecht verwendet, ist die Neuartigkeit seiner Balladen auch gegenüber seinen damaligen Mitkonkurrenten sehr hoch einzuschätzen. Im Sprachlichen geht es ihm darum, den Tonfall der »hohen Lyrik«, die Sprache des Expressionismus durch volkstümliche Vorbilder aufzufrischen. Diesem Zweck dienen seine Anleihen an das Bibel-Deutsch Luthers, an die Rhetorik der Werbung und Propaganda (*Degener* S. 115). Auch in den Darbietungsformen ist er reicher als alle anderen, wie schon an der »Hauspostille« abzulesen ist. In dieser ersten Sammlung unternimmt es Brecht, Gedichte der vergangenen sieben Jahre in eine eigenwillige Ordnung zu bringen. Sie ist nach dem Vorbild kirchlicher Gesangs- und Erbauungsbücher konzipiert (Postille = post-illa = Kommentierung eines biblischen Textes im Gottesdienst) und untergliedert in fünf Lektionen: »Bittgänge«, »Exerzitien«, »Chroniken«, »Mahagonnygesänge«, »Die kleinen Tagzeiten der Abgestorbenen«. Für diese Lektionen und ihre richtige Anwendung gibt Brecht dem Leser Anweisungen, der Anhang enthält Noten. Brechts Exerzitien sind aber nicht geistliche Übungen, sondern säkularisierte Übungen zur Bewältigung des irdischen Lebens. Die »Bittgänge« überträgt er auf die Mängel und Gebrechen der irdischen Gesellschaft (»Von der Kindsmörderin Marie Farrar«): »Nicht der Himmel kann das Unheil abwenden, sondern der Mensch ist aufgefordert, etwas zu tun« (K. *Schuhmann* S. 169). Die im kirchlichen Verständnis als Übungen zur Askese gemeinten Exerzitien werden bei Brecht zu »vulgär-materialistischen Übungen im Lebensgenuß« (ebda). Ein großer Teil der frühen Balladen findet sich in der mit »Chroniken« überschriebenen dritten Lektion. Brechts frühe Balladendichtung ist reich an Stoffen, ist aber auch in den Gehalten so vielgestaltig, daß es, wie Riha meint, Brecht nicht reibungslos gelungen sei, sie einem System zu subsumieren, andererseits seien die Konträr-Effekte, die sich daraus ergeben, durchaus beabsichtigt (S. 100). Hannah Ahrendts Urteil (»Nicht als Brecht anfing, sich mit dem Marxismus zu beschäftigen, sondern als er begann, die Balladenform zu benützen und zu Ehren zu bringen, hat er als Dichter die Partei der Unterdrückten ergriffen« – zit. nach *Müller-Seidel,* S. 81) ist nur für den kleineren Teil der Balladen zutreffend. Zu einem solchen Urteil paßt wohl eine Ballade wie »Moderne Legende« oder »Von der Kindsmörderin Marie Farrar« mit ihrem Appell an das Mitleid. Andererseits steht der »animalische Vitalismus« *(Degener)* seiner Pioniere, Seeräuber, Soldaten und Dirnen dem Baalschen Weltgefühl sehr nahe wie auch der Anthropologie Wedekinds. Ihre Kreatürlichkeit, Vitalität und Triebhaftigkeit entstammen eher einem antibürgerlichen Affekt als sozialkritischer Stoßrichtung (vgl. II, 2 u. II, 4).

Die Balladen Brechts nach der »Hauspostille« werden didaktischer, schlichter in ihrem Stil, eindeutiger in ihrer politischen Aussage. »Kohlen für Mike« (entstanden 1926) ist hierfür ein frühes Beispiel. Im Werk des späteren Brecht verliert die Ballade ihre dominierende Stellung, doch bleibt sie integraler Bestandteil seiner Dramen. Ihre Funktion in den Dramen hat Brecht in »Über die Verwendung von Musik im epischen Theater« begründet. So finden sich mehr oder weniger in allen Stücken balladenartige Songs, angefangen bei der »Dreigroschenoper« (die »Moritat von Mackie Messer« wurde zum bis heute populären Schlager), über die Lehrstücke bis hin zu den großen Dramen der Emigration. Im »Leben des Galilei« läßt Brecht beispielsweise in einer Szene ein Bänkelsängerpaar eine Moritat auf die Lehre Galileis singen, in »Mutter Courage« singt Eilif »Das Lied vom Soldaten«, das Brecht für diesen Zweck neu bearbeitet hat. Auch neben seinen Stücken hat sich Brecht gern der wirkungsvollen musikalischen Zweckformen bedient, vor allem im Kampf gegen den Faschismus. Zu einer ganzen Reihe der frühen Songs gibt es spätere Kontrafakturen, die die Songs für den gegenwärtigen Zweck aktualisieren sollen (so z. B. neue Strophen für »Mackie Messer«, oder der Kanonensong wird zum »Neuen Kanonen-Song und Ballade vom angenehmen Leben der Hitlersatrapen«). Songartige Balladen entstehen wie die »Ballade von den Osseger Witwen«, die »Ballade von der Judenhure Marie Sanders« oder »Und was bekam des Soldaten Weib«. Daneben gibt es im späteren Werk die ruhig erzählenden Balladen, die keine Beziehung zur Musik haben, die man auch als »Erzählgedichte« bezeichnet hat, so die »Legende von der Entstehung des Buches Taoteking« oder der »Kinderkreuzzug«.

Balladenformen, die vor allem in den Zwanziger Jahren Mode waren wie Bänkelsang und Song, wurden auch nach 1945 wiederaufgenommen, wenn auch längst nicht mehr in dem Maße wie zur Blütezeit der Kabarettballaden. *H. C. Artmann* z. B. oder *Raoul Tranchirer* knüpfen an bänkelsängerische Traditionen an, *Christa Reinigs* »Ballade vom blutigen Bomme« ist wohl das bekannteste neuere Beispiel parodistischen Bänkelsangs. Karl Riha vor allem hat gezeigt, wie das engagierte Lied im Bänkelsängerton unter den literarischen Formen politischer Öffentlichkeit gewirkt hat, und zwar in der Literatur der BRD ebenso *(F. J. Degenhardt, Dieter Süverkrüp)* wie in der DDR *(Stephan Hermlin, Walter Steinbach, Peter Hacks, Wolf Biermann)*. Während aber bei Steinbach und Hermlin mehr das Vorbild von Brechts lyrischem und reflektierenden, von Villon herkommenden Balladen spürbar ist, dominiert bei Biermann, Degenhardt, Süverkrüp der Einfluß des Songs. Vor allem in den späteren Sechziger Jahren wird der Protestsong, der Folksong eine breite Bewegung, die vielfache Verbindung zum kommerziellen Schlager (Udo Jürgens) aufweist. Chanson und Protestsong sind Formen, unter denen sich viele Texte als Balladen ansprechen lassen, allerdings als Antiballaden gegenüber der traditionellen Kunstballade.

Schwerer tut man sich mit anderen Texten im 20. Jh., die nicht aus jenen Mustern zu erklären sind. Eindeutig noch als Erzählgedichte zu klassifizieren sind Balladen, die eine geschlossene Fabel erzählen wie Brechts »Legende von der Entstehung des Buches Taoteking«

oder *Helga Novaks* »Ballade von der reisenden Anna« oder *Karl Schwedhelms* »Kranich der Freiheit«, um einige willkürlich heraus- zugreifen. Schwierig wird eine Zuordnung bei Texten, die keine ge- schlossene Fabel mehr erzählen. Degener hat sich hier mit dem Be- griff »balladeske Züge innerhalb der modernen Lyrik« beholfen. Er umschreibt damit Phänomene der modernen Lyrik, die als atmo- sphärisch-stimmungshafte Elemente eben balladeske Wirkung er- zielen. Solche Phänomene zeigt er an der Lyrik Rilkes, Däublers, Momberts, Loerkes, Krolows u. a. Er unterscheidet hier zwischen einem »begrenzten Strukturtypus« und einem »entgrenzten Struk- turtypus«. Ähnliche Wege ist auch Heinz Graefe gegangen in seiner Typologie des modernen Erzählgedichts. Trotz dieser wesentlichen Beiträge darf die Frage, wo die Grenze zwischen einem Erzählge- dicht und einem lyrischen Gedicht liegt, noch nicht als abschließend beantwortet gelten (vgl. I, 4).

Literatur:

Allgemein

Böhme, G.: Bänkelsängermoritaten, vornehmlich des 19. Jh.s Diss. Mün- chen 1920
Budzinski, K. (Hrsg.): Soweit die Zunge reicht; Die Anthologie des deutsch- sprachigen Cabaretts. München 1964
Degener: S.59–188
Durzak, M.: Arno Holz, Alfred Döblin, Günter Grass. Zur Tradition politi- scher Dichtung in Deutschland. Stockholm Mod. Sprak. 1972
Freund, W.: Zur Theorie und Rezeption der Parodie. Am Beispiel mod. lyrischer Parodien. In: STZ 62 (1977). S.182–194
ders.: Das »Lied vom Ungenügen« – eine Annäherung an die zeitgenössische Ballade. In: Literatur für Leser 1983, Heft 2, S.65–83
ders.: Der parodierte Balladenheld. In: Blätter f. d. Deutschlehrer 1978. H. 1. S.16–24
Fromm, H.: Die B. als Art u. d. zeitgenössische B. In: DU 8, 1956, H. 4. S.84–99
Klein, L.: Neuer dt. Bänkelsang. In: Die Literatur 27. Jg. 1924
Koch, R.: Lyrische Experimente – Balladeskes bei Jandl, Heißenbüttel, Rühm, Meckel und Artmann. In: Universitas. Zeitschrift für Wissen- schaft, Kunst und Literatur. 38. Jg. Nr.443. H. 4. 1983, S.361–369
Martini, F.: Artikel »Kabarett«. In: RL II
Oettich, G.: Der Bänkelsang in d. Kunstdichtung d. 20.Jh.s Diss Wien 1964
Pratz, F.: Moderne Balladen. 1965
Maier, W.: Vom Haushalt d. B. In: H. D. Zimmermann (Hrsg.): Lechzend nach Tyrannenblut. 1972, S.54–56
Riha I

Riha II
Rodermund, E.: Die Parodie in d. mod. dt. Lyrik. 1963
Ruttkowski, W. V.: Das liter. Chanson in Deutschland. Bern 1966
Sternitzke, E.: Der stilisierte Bänkelsang. 1933
Weinrich, H.: Interpretation eines Chansons u. seiner Gattung. In: Die neuen Sprachen 9, 1960
Zimmermann, H. D.: Lechzend nach Tyrannenblut. Ballade, Bänkelsang und Song. Colloquium über das populäre und das politische Lied. 1972

Holz

Seubert, B.: Die Blechschmiede von A. Holz. Ein Beitrag z. Geschichte d. satir. Dichtung. Diss. München 1954 (Masch.)

Wedekind

Freund, W.: F. Wedekind »Brigitte B.« In: Die dt. B. 1978, S. 123–131
Gundolf, F.: F. Wedekind. 1954
Kutscher, A.: F. Wedekind. Leben u. Werk. Hrsg. K. Uhde. 1964
Weidl, E.: Problematisierung der Rechtsprechung aus dem Geiste der Bergpredigt. Frank Wedekinds Moritat »Der Tantenmörder«. In: Grimm, G: Interpretationen, S. 368–385

Morgenstern

Liede, A.: Dichtung als Spiel, Studien zur Unsinnspoesie an den Grenzen d. Sprache. 2 Bde 1963
Neumann, F.: Christian Morgenstern Galgenlieder. Spiel mit d. Sprache. In: Wirkendes Wort 14. 1964, S. 332–350
Spitzer, L.: Die groteske Gestaltungs- u. Sprachkunst Christian Morgenstern. In: Motiv u. Wort. Studien zur Lit. und Sprachpsychologie. 1918, S. 53–123
Walter, J.: Sprache und Spiel in Chrisitan Morgensterns Galgenliedern. 1966

Brecht

Arendt, H.: Der Dichter B. Brecht. In: Die Neue Rundschau 1/1950
Benjamin, W.: Kommentare zu Gedichten von Brecht. In: W. B.: Schriften Bd. II. 1955
Bloch, E.: Lied der Seeräuberjenny in der Dreigroschenoper. In: Liter. Aufsätze. 1965
Blume, B.: Motive der frühen Lyrik B. Brechts. In: Monatshefte (Wisconsin) 1965, S. 97–112, 273–281
Bräutigam, K.: »Die Ballade vom Wasserrad«; »Ballade von des Cortez Leuten«; »Vom ertrunkenen Mädchen«; »Der Schneider von Ulm«. In: Moderne dt. B. ²1970 S. 11–49
Fischer, E.: »Das Einfache, das schwer zu machen ist«. Notizen zur Lyrik B. Brechts. In: Sinn u. Form 9. 1957, S. 124–128

Grimm, R.: B. Brecht. ³1971 [mit Bibliographie]

Hacks, P.: Über Lieder zu Stücken. In: Sinn u. Form XIV, 3, 1962, S. 421–429

Helwig, W.: B. Brechts Poesie u. Politik. Zur Gesamtausgabe seiner Gedichte. In: Merkur XVI, 1963, 10, S. 933–943

Herzfelde, W.: Der Lyriker B. Brecht. In: Aufbau 7. 1951, S. 1097–1104

Heselhaus, C.: Brechts Verfremdung der Lyrik. In: Poetik und Hermeneutik, 2, 1966

Hinck: S. 118–149

Jens, W.: Der Lyriker B. Brecht. In: Zueignungen. 1962

Kaim, L.: B. Brecht. In: DU 2, 1949, H. 6, S. 5–20

Klotz, V.: B. Brecht. Versuch über das Werk. 1957

Kuhnert, H.: Zur Rolle der Songs im Werk von B. Brecht. In: NDL XI, 1963, S. 77–100

Mayer, H.: Über Brechts Gedichte. In: 4 Etudes XX, 2, 1964/65, S. 269–274

McLean, S. K.: Aspects of the Bänkelsang in the work of B. Brecht. Diss. Ann Arbor (Mich.) 1963

Lyon, J. K.: Brecht's use of Kipling's intellectual property: a new source of borrowing. In: Monatshefte (Madison) 61. 1969

Mennemeier, F. N.: Von der »Freundschaft« zur »Freundlichkeit«. Zu Bertolt Brechts »Ballade von der Freundschaft« und »Legende von der Entstehung des Buches Taoteking auf dem Weg des Laotse in die Emigration«. In: Grimm: Interpretationen, S. 401–425

Moritz, K.: »Von des Cortez Leuten«; »Die Ballade vom Weib und dem Soldaten«; »Legende von der Entstehung des Buches Taoteking«, »Kinderkreuzzug«. In: Dt. B. 1972, S. 178–199

Piccard, M.: Brecht »Legende von der Entstehung des Buches Taoteking auf dem Weg des Laotse in die Emigration. In: Wege zum Gedicht II, S. 534–537

Pongs, H.: Erneuerung der Ballade. Bertolt Brecht. In: H. P.: Das Bild in der Dichtung. Marburg 1969, Bd. III, S. 153–167

Richter, H.: B. Brechts Bemerkungen zur Lyrik. In: Weimarer Beiträge XII, 1/6. 1966, S. 765–785

Riha I: S. 91–125

Riha II: S. 63–77

Scher, H. L.: The German ballad. Tradition and Transformation. Münchhausen and Brecht. Yale Univ. 1967 Diss.

Schuhmann, K.: Der Lyriker B. Brecht. 1913–1933. 1964 [mit Bibliographie]

Schulz, B.: Legende von der Entstehung des Buches TaoTeKing auf dem Weg des Laotse in die Emigration. In: Wirk. Wort 7, 1956/57, S. 81–86

Steffensen, S.: Brecht und Rimbaud. Zu den Gedichten des jungen Brecht. In: ZfdPh, Sonderheft 1965 (84. Band)

Wölfel, F.: B. Brecht »Das Lied der Mutter Courage«. In: Wege zum Gedicht II, S. 537–550

Kästner

Freund, W.: Kästners »Die Ballade vom Nachahmungstrieb«, In: Die dt. B. 1978, S. 138–145

Moritz, K.: Kästner »Die Ballade vom Nachahmungstrieb« In: Dt. B. 1972
S. 199–205
Winkelmann, J.: The Poetic Style of Erich Kästner. Univ. of Nebraska Press.
1957

Reinig

Bräutigam, K.: Christa Reinig »Die Ballade vom blutigen Bomme«. In:
Moderne dt. B. ²1970, S. 87–94
Döhl, R.: Zwischen Reading und Linienstraße. Christa Reinigs »Ballade vom
blutigen Bomme« noch einmal gelesen. In: Grimm: Interpretationen,
S. 428–444
Neis, E.: Christa Reinig »Die Ballade vom blutigen Bomme«. In: Wir inter-
pretieren B. 1968

Degenhardt

Arnold, H. L. (Hrsg.): F. J. Degenhardt. 1972
Freund, W.: F. J. Degenhardt »Wenn der Senator erzählt«. In: Die dt. B.
1978, S. 152–159
Laufhütte, N.: F. J. Degenhardt: Der Bauchladenmann. Die Ballade vom
Dilemma des gesellschaftskritischen Dichters. In: ZfdPh 94. 1975, S.
582–600

Biermann

Arnold, H. L. (Hrsg.): Wolf Biermann. 1975
Freund, W.: Wolf Biermann »Das Familienbad«. In: Die dt. B. 1978 S.
159–164
Kloehn, E.: Die Lyrik Wolf Biermanns. In: DU 1969, H. 5, S. 126–133
Moritz, K.: Wolf Biermann »Die Ballade von dem Drainageleger Fredi
Rohmeisl aus Buckow«. In: Dt. B. 1972, S. 220–225
Wapnewski, P.: Wolf Biermann ein deutscher Liedermacher. In: H. L. Ar-
nold (Hrsg.): Wolf Biermann. 1975

IV. DIDAKTIK DER BALLADE

Die Ballade ist »die Dichtgattung der Schule«, hatte Paul Lang noch 1942 geschrieben (84). Die Gründe, warum die Ballade bis in die Zeit nach 1945 diese beherrschende Stellung einnahm und warum sie diese Stellung heute weithin verloren hat, sind sehr verschiedenartig. Die Feststellung Ignaz Hubs in der Vorrede zu seiner Balladensammlung von 1849 »Deutschlands Balladen und Romanzendichter«, die Ballade sei die beliebteste Dichtart der Deutschen, findet gewiß auch ihren Grund mit darin, daß sie diese dominierende Stellung in der Schule bekam. Dafür wiederum sind verantwortlich die volkspädagogischen Bestrebungen, die von Anfang an mit der Entstehung der Kunstballade bei ihren wichtigsten Autoren verknüpft waren: Bürger wollte bewußt eine populäre Gattung schaffen, Schiller sah sich mit seiner Balladenproduktion als Volkserzieher. Und so ist die Ballade im Sinne einer »volkstümlichen Bildung« vor allen anderen Gattungen der hohen Literatur in die Schule gekommen. Daß es ihr im 19. Jh. gelang, die Fabel und die Parabel vom ersten Platz zu verdrängen, hat sicher auch damit zu tun, daß die Ballade ganz besonders als nationale Dichtart empfunden wurde. Schon Herder hatte den Charakter der einzelnen Nationen im Volkslied (dazu gehören auch ganz besonders balladenhafte Gedichte) manifestiert gesehen. Jetzt, wo besonders seit der Mitte des 19. Jh.s die Geschichte, vor allem Stoffe der eigenen Nationalgeschichte, in Balladenform gebracht wurden, bekam diese Theorie eine zusätzliche Begründung. Schließlich ist Wolfgang Kayser 1936 in seiner Darstellung der deutschen Ballade zu dem Ergebnis gekommen, die Ballade sei eine »deutsche Gattung«: »Die objektive Darstellung des Zusammenpralls des Menschen mit den Mächten der Wirklichkeit, die das Wesen der Ballade ausmacht, ist ein Ausdruck deutschen Lebensgefühls« (S. 302).

Neben solchen ideologisierten didaktischen Zielsetzungen, die Ballade zu einem Mittel für eine Art deutscher Erziehung zu stilisieren, wurde sie ganz allgemein auch als geeignetste Form angesehen, um zur ersten Begegnung mit der eigenen Nationalliteratur zu führen. Schon Paul Lang hatte erkannt, daß die Jugendlichen dem Drama am ehesten Interesse entgegenbringen. Das Interesse an der Ballade wächst aus der Ähnlichkeit der Ballade zum Drama. Nicht nur die Affinität der Ballade zum Drama, sondern gerade in der der Ballade eigentümlichen Struktur, dem Ineinander der drei Grundgattungen Epik, Lyrik, Dramatik liege der Vorzug der Ballade für das Kind. Alfred Clemens Baumgärtner begründet das folgendermaßen:

Die Ballade ist »zweifellos eine Gedichtart, die für die Aufnahmefähigkeit des Kindes wie geschaffen erscheint [...] Der epische Gehalt kommt dem wesentlich stofflichen Interesse des Volksschulkindes entgegen, dem, rein vom Alter her, das ästhetische Formerlebnis weitgehend verschlossen bleibt. [...] Das Kind erlebt in fast aller Dichtung vornehmlich die Fabel, und die wird ihm von der Ballade stets geboten, und dazu in geraffter, gesteigerter, auf Höhepunkte konzentrierter Form [...] Die dramatische Zielspannung, oft im Dialog sich äußernd, verstärkt die Anziehungskraft der epischen Komponente, indem sie das miterlebende Kind in einem geschlossenen Erlebnisverlauf vom oft abrupten Einsatz über den ebenso sich jäh aufbäumenden Höhepunkt zum beseligenden oder erschütternden, immer aber gebannt erwarteten Ende führt. ›Was geschieht hier?‹ – ›Wie geht es weiter?‹ – ›Wie geht es aus?‹ – Diese für das Kind wesentlichsten Fragen halten seine Aufmerksamkeit bis zum Schluß wach. Der einheitliche lyrische Gefühlston schließlich, die Gestimmtheit, aus der sich die Handlung der Ballade entfaltet und von der sie überall durchdrungen wird, schafft die emotionale Voraussetzung für die Anteilnahme des Kindes, besonders dann, wenn es sich dabei um eine Atmosphäre von ›Schauer, Geheimnisvollem und Sinnverwirrendem‹ handelt.« (A. C. Baumgärtner I, S. 20)

Zu der für die Ballade eigentümlichen Struktur wurde auch ihre »Zweischichtigkeit« gerechnet: »Die Handlung der besten Balladen zeigt zwei Vorgänge, von denen der untere Vorgang immer sinnlich-wirklich, der obere Vorgang (der sich bisweilen nur in der Seele des Lesers abspielt) derjenige Bestandteil ist, welcher der Ballade ihren seelischen Feingehalt gibt. Oberer und unterer Vorgang sind meist durch das sinnlich wahrnehmbare Teilchen verknüpft, das dann häufig zum Titel der Ballade wird.« Diese Balladentheorie Börries von Münchhausens (aus den »Leitsätzen« zu dem Band »Meisterballaden«) ist zumindest für die didaktische Theorie äußerst fruchtbar geworden. Robert Ulshöfer hat die Begriffe vom oberen und unteren Vorgang abgewandelt in vordergründiges und hintergründiges Geschehen, in Vorderbühne und Hinterbühne. Während das Vordergründige, die Stoffülle, die Dramatik der Ballade unmittelbar das stoffliche Interesse des Kindes anspreche, erwächst für die Unterrichtsarbeit die Aufgabe, den hinteren Vorgang, d. h. den symbolischen Gehalt des Dichtwerks sichtbar zu machen (S. 239/240). Und hier hat die Ballade als Dichtart wiederum den Vorzug, daß von ihr aus der Symbolcharakter aller Dichtung deutlich gemacht werden kann. (Baumgärtner II, 26)

Eine weitere wesentliche Begründung für die Stellung der Ballade in der Schule hatte die Psychologie geliefert. Charlotte Bühlers Theorie von den Lesealtern wurde von den Deutschdidaktikern aufgegriffen, und Susanne Engelmann wies Balladen und Dramen dem dem 12.–15. Lebensjahr zu. Für das Jugendalter erhält die Ballade eine besondere Funktion. Gerade die Ballade »stellt die dichterische Gestaltung der Gemütslage des jungen Menschen in der Umbruchszeit mit ihrer Gefährdung und Hintergründigkeit dar«. Denn das Kennzeichen der Ballade ist nach Robert Ulshöfer »das Bedrohtsein des Menschen durch eine unheimliche, unfaßbare Macht, die in den Bereich des sinnlich erfahrbaren Lebens einbricht, den Menschen aus seiner Sicherheit aufschreckt und entweder vernichtet oder mit dem Schrecken wieder entläßt« (S. 240). Für die Pubertät sei der Übergang von dem naiv-primitiven Weltbild des Kindes zum kritisch-realistischen kennzeichnend, und die Ballade besitze noch ein weitgehend mythisches Weltbild. Hinzu komme aber das Bewußtsein der persönlichen Verantwortung, ein Bewußtsein, das dem Jugendlichen noch fehle. So bedeutet die Ballade dem Jugendlichen, »ihm selbst unbewußt, Selbstdarstellung und Selbstkritik, Warnung, Mahnung und – indem sie die Schicht des Magischen und Dämonischen freilegt – Selbstbefreiung«, sie nötigt ihn »in sich selbst die Schichten des Rationalen und Irrationalen, des Bewußten und Unbewußten zu erfassen und miteinander zu verbinden« (S. 240). Dieser Ansatz (für den Ulshöfer nur beispielhaft steht) weist der Ballade eine weit über sonstige literaturpädagogische Ansätze hinausgehende psychotherapeutische Funktion zu. Solche Ansätze sind unter dem Schlagwort »Literatur als Lebenshilfe« weithin in Verruf gekommen (Baumgärtner II, 43/44). Schon die Kunsterziehungsbewegung hatte jedwede Nutzanwendung von Literatur abgelehnt. Was sie um 1900 kritisierten, bezog sich jedoch auf einen Literaturunterricht, der auch die Balladen auswertete für einen kurzschlüssigen Moralunterricht. Clemens Baumgärtner hat sehr einprägsam am Beispiel des »Erlkönigs« gezeigt, wie in den verschiedenen Präparationsbüchern von 1870–1930 der Literaturunterricht vor sich geht.

Da dient in Emil Schneiders »Lehrproben über deutsche Lesestücke« der »Erlkönig« z. B. dazu, den Aberglauben und die Furcht vor Gespenstern zu bekämpfen: »Was für Ursachen haben alle Erscheinungen, die Unerfahrene für Gespenster halten? Natürliche Ursachen. Warum braucht man sich vor gespenstischen Wesen nicht zu fürchten? Weil es keine gibt« (Baumgärtner I, S. 28). Demgegenüber hat wohl die Kunsterziehungsbewegung als erste gefordert, daß der Unterricht dazu beitragen müsse, das »unmittelbare Erleben von Dichtung« zu fördern, und im Gegensatz zu rationalen Methoden der Gedichtanalyse hat sie mehr Methoden des »Sich-Einstimmens« und »Mitschwingens« gefordert (Baumgärtner II, S. 5).

Das Jahr 1945 bedeutet für die Stellung der Ballade im Unterricht keinesfalls einen so tiefen Einschnitt, wie das zuerst erscheinen mag. Noch 1960 stellte Degener fest, daß vor allem die Schule der traditionellen Ballade (gemeint sind Münchhausen, Miegel, Strauß von

Torney) eine Heimstätte biete. Einig war man sich sicher zunächst, daß die These Kaysers, die Ballade sei eine deutsche Gattung, falsch sei, weil die Gleichsetzung der Ballade mit der »heldischen Ballade« ebenso falsch ist wie die Gleichsetzung des Deutschen mit dem Kämpferischen. Aber auch für einen modernen Deutschunterricht besitzen nach Adalbert Elschenbroich jene Balladen, »die vorbildhaftes Menschentum haben« noch Gültigkeit (S. 147); denn in ihr treffen sich und ergänzen sich »Einsichten und Möglichkeiten des Menschseins und dichterische Gesetzlichkeiten«. Denn die Ballade stellt »den Menschen immer in eine Ausnahmesituation, auf die er jedoch nicht aus subjektiver Motivation antwortet, sondern beispielhaft für menschliches Verhalten schlechthin. Für dieses gibt es in der Ballade keine Zwischenlösungen, ihre Unbedingtheitsforderung kennt nur Versagen, Erleiden, Bewährung als Formen der Schicksalsbegegnung. Von daher erklärt sich ihre Neigung zur Darstellung vorbildlichen Handelns, ihr Zug zu einem heroischen Menschenbild« (146/147). Freilich geht es jetzt nicht mehr um »äußeres Pathos, kriegerische Szene und unversöhnliche Gegnerschaft zwischen Menschen«, sondern um »Werte der Aufopferung und Selbstüberwindung«. Balladen wie Goethes »Johanna Sebus« und Fontanes »John Maynard« treten in den Vordergrund. (Als »Balladen von der guten Tat« hatte schon 1956 Heinrich Vogeley Bürgers »Lied vom braven Mann« und »Johanna Sebus« vorgeschlagen.) Einwänden gegen diese Art von Balladen, die wegen ihres moralischen Gehalts und ihrer Schwarz-Weiß-Zeichnung kritisiert worden sind, begegnet Elschenbroich einmal mit dem Hinweis auf die moralische »Eindimensionalität« des Märchens (gegen das ähnliche Vorbehalte geäußert wurden) und zum andern mit dem Hinweis auf die oft geforderte »neue Aufklärung«, die ebenso wie die erste Aufklärung um die Aufstellung allgemeinverbindlicher sittlicher Verhaltensnormen bemüht sein müsse. Die »bürgerlichen Tugenden« wie einfache Frömmigkeit, Rechtschaffenheit, Hilfsbereitschaft, Genügsamkeit, Ehrbarkeit müßten nicht notwendig restaurative Tendenzen fördern oder gar rückschrittliche Gesinnungen.

Nach 1945 führten gerade die Erfahrungen, die man mit dem Mißbrauch der Ballade als Instrument nationalistischer Erziehungsideale gemacht hatte, zu didaktischen Zielsetzungen, die wieder mehr die Dichtung als Kunstwerk ins Zentrum rückten. Die Literaturdidaktik folgte damit der Literaturwissenschaft, für die innerhalb der 50er und 60er Jahre die sogenannte werkimmanente Interpretationsmethode vorrangig wurde. Auch ihr war in Ablehnung geistes- und sozialgeschichtlicher Methoden das Hauptanliegen, »dem literarischen Werk als solchem gerecht zu werden« (Oppel, zit. nach Baumgärtner I, S. 35): »man versagte sich mehr und mehr, das So-Sein einer Dichtung einseitig etwa auf die Lebensumstände ihres Autors zurückzuführen oder über die Dichtung hinaus vorschnell die Geistes- oder Sozialgeschichte zu fassen. Die Dichtung selbst, das einzelne gestaltete Werk, rückte ins Zentrum der literaturgeschichtlichen Arbeit, der damit die Aufgabe erwuchs, Dichtung als Dichtung, das Kunstwerk als Kunstwerk in seinem eigentlichen Wesen zu ergreifen.« Für die Schule bedeutete das, daß die Haltung zum Gedicht anders werden mußte als bisher. Denn vorher wurde der »Umgang mit Dichtung in der Schule von der Ansicht bestimmt, das sprachliche Kunstwerk sei letzten Endes doch nicht um seiner selbst willen da, jedenfalls nicht im Unterricht; es habe auf irgendetwas hinzuführen (Baumgärtner I, S. 16). Jetzt durften Balladen also nicht mehr als Dokumente der Geistesgeschichte oder der Historie betrachtet werden oder in der Volksschule als Anschlußstoffe oder Illustrationen.

Erst in den 60er und 70er Jahren verliert die Ballade ihre dominierende Stellung innerhalb des Literaturunterrichts. Verschiedene Faktoren sind dafür verantwortlich. In einem Lesebuch, das nach einem weiten Literaturbegriff konzipiert ist, in dem alle wichtigen Formen der Literatur vertreten sein sollen, expositorische Texte ebenso wie poetische, war der Anteil der bis dahin allein vorherrschenden poetischen Texte sowieso ganz erheblich zurückgedrängt. Die Ballade verlor ihre ursprünglich herausragende Stellung innerhalb des eingeschränkten Raums auch deshalb, weil die bislang sie stützende Theorie vom »Balladenalter« wie überhaupt die Lesephasentheorien sich als wissenschaftlich unhaltbar herausgestellt hatten. Auch das früher von den Literaturpädagogen so fruchtbar gehaltene Ineinander der Gattungen in der Ballade wird jetzt eher als Hemmnis dargestellt: »Aus [der] Grenzsituation zwischen Lyrik und Epik ergibt sich die didaktische Problematik der Ballade« (Helmers, S. 341). Schließlich verlor die »klassische« Ballade deshalb an Bedeutung, weil neben sie alternative Literaturformen wie Bänkelsang und Moritat und neben die Balladen des 19. Jh.s moderne oder die Erzählgedichte traten.

Wenn in den letzten Jahren die Ballade und das Erzählgedicht für den Deutschunterricht quasi wieder neu entdeckt wurden, dann geschah das unter ganz neuen Akzenten hinsichtlich der Lernziele, der Auswahl und der Methoden. Zum einen wurden Vorschläge gemacht, die statt des alten »Balladenkanons« andere Balladentraditionen in den Vordergrund rückten, so etwa Kurse über die »Soziale Ballade« (Gerhard Köpf), die »Sozialkritische Ballade, Moritat und Song« (Gerolf Fritsch), die »Legendenhafte Ballade« (Gerolf

Fritsch) usw., Balladen also, in denen die »progressiven Elemente, die in der Gattung liegen können« (Helmers, S. 341) vorgestellt werden. Der eigentliche Neuansatz bei Gerolf Fritsch, Gerhard Köpf und Winfried Freund liegt indessen in der Zielsetzung und der Methode der Balladenbehandlung. Während bislang das »unmittelbare Erleben der Dichtung« das eigentliche Lernziel war, wofür die werkimmanente Interpretationsmethode das Handwerkszeug geliefert hatte, erwachsen jetzt die didaktischen Überlegungen und Zielsetzungen »aus der Beschreibung der sozialgeschichtlich bedingten Struktur, die die einzelnen ästhetischen Darstellungsweisen erst konstituiert« (W. Freund S. 168). Im Balladenunterricht soll nicht mehr die erlebnishafte Identifikation des Schülers mit dem Balladenhelden erreicht werden, sondern gerade die eigene Distanz zum Dichtwerk herausgearbeitet; denn »die Geschichtlichkeit als gemeinsame Qualität verbindet erst die Literatur mit ihren Empfängern und läßt eine Integration literarischer und pädagogischer Positionen möglich erscheinen« (ebda S. 166). Gerade mit Hilfe von sozialgeschichtlichen Methoden soll der Balladenunterricht einüben »in den distanzierenden ästhetischen Wahrnehmungsakt«. Ein großer Teil der im bisherigen Literaturkanon enthaltenen Balladen betonte die »Aktivitätshemmung« (ebda S. 168), d. h. im 18. und 19. Jh. wurde »die Versagung politischer handelnder Selbstentfaltung [...] kompensiert durch Ersatzbildungen wie Unterstellung des eigenen unter den göttlichen Willen, durch das fatalistische Vertrauen auf eine positive Geschichtsentwicklung, durch rückhaltlose soziale Integration, durch Flucht in den Privatbereich und schließlich durch die Fiktion heldischer Selbsterfüllung, die später christlich legendenhafte Züge erhielt« (ebda). Während es bei diesen Balladen darauf ankommt, ihren ideologischen Gehalt zu entschleiern, indem man sie in ihren sozialkritischen Kontext einordnet, gilt es auf der andern Seite einen Balladentyp zu behandeln, der dem »modernen Selbstbewußtsein« entspricht. Freund versteht darunter den von Heine und Wedekind begründeten »appellativen Balladentyp«, der im Gegensatz zu dem aktivitätshemmenden aktivitätsfördernd ist: »Gerade die moderne Ballade will die Aufmerksamkeit ihrer Leser richten auf die negativen Folgen entfremdeten Handelns, das nicht mehr im Humanen begründet ist, sondern in der Überordnung lebloser ideologisch-normativer Konstrukte über die lebendigen Interessen der Menschen (ebda. S. 169).

Inzwischen scheint es – schon Ende der siebziger Jahre, vor allem in den achtziger Jahren – daß die Ballade, gleich ob sie nun als Erzählgedicht oder Ballade angesprochen wird, unangefochten den Schulunterricht in allen Schularten wiedererobert hat. Das ist zum einen an den Schulbüchern abzulesen und an der großen Fülle vor allem didaktischer Neuerscheinungen. Neuere Balladensammlungen haben auch wissenschaftliche Neuansätze rezipiert (Pinkerneil, Laufhütte), indem sie breiter als vorher Volksballaden, den Bänkelsang und die Moderne miteinbeziehen. Ob sich freilich die Versuche der begrifflichen Neubestimmung in der Schule durchsetzen werden, wie etwa Laufhüttes »Modellformel«, ist recht zweifelhaft, vielmehr spricht alles dafür, daß sich Goethes so griffige Formel von der Ballade als „Urei" der Dichtung, in der alle Dichtungsgattungen noch vereint sind, auch noch ins nächste Jahrhundert hinein halten wird.

Literatur:

»Ballade«. Praxis Deutsch 35, 1979

Bauer, G.: Die unsterbliche Ballade. Bemühungen um einen Ladenhüter der wieder einmal anberaumten Klassik. In: Diskussion Deutsch 76/1984, S. 145–162

Baumgärtner, A. C.: Die Ballade als Unterrichtsgegenstand. 1964

ders.: Ballade und Erzählgedicht im Unterricht. 1973. 1979³

Berger, N.: Stundenblätter. Balladen. Klett 1992

Binder, H.: Goethe-Balladen auf der Unter- und Mittelstufe. In: Der Deutschunterr. 8, 1956, H. 4

Bräutigam, K. (u. a.): Die deutsche Ballade. ⁵1971

Bräutigam, K. Moderne deutsche Balladen. ²1970

Christiansen, A.: Zwölf Gedichte Goethes. 1973

Eckmann, R.: Ballade u. Film. Ein Versuch mit »Archibald Douglas« auf der Mittelstufe. In: Der Deutschunterr. 8, 1956, H. 4

Eichinger, M.: Goethes »Erlkönig«. Eine Unterrichtsstunde in der 4. Klasse einer Oberrealschule. In: Anregung, Heft 5, 1958, S. 268–275

Elschenbroich, A.: Wahrheit und Dichtung in der Ballade. In: W. Höffe (Hrsg.): Sprachpädagogik-Literaturpädagogik. 1969

Franz, K.: Ballade. In: K. Stocker (Hrsg.): Taschenlexikon d. Literatur und Sprachdidaktik. I 1976 [mit Bibliographie]

Freund, W.: D. dt. Ballade. Theorie Analysen Didaktik. 1978 [mit Bibliographie]

Ders. (Hrsg.): Deutsche Balladen. Arbeitstexte für den Unterricht. Stuttgart 1982

Fritsch, G.: Die dt. Ballade. Ein literaturdidaktischer Kurs. 1976

Funke, H.-G.: Ballade und Hörspiel. In: Wege zum Gedicht II. S. 575–586

Haase, K. C.: Die Ballade im Deutschunterr. der Sekundarstufe. In: E. Wolfrum (Hrsg.): Taschenbuch des Deutschunterr. 1972

Hassenstein, F.: Der »Erlkönig« – und was man mit ihm machen kann. In: Praxis Deutsch 11/1975, S. 45–47

Helmers, H.: Didaktik d. dt. Sprache. 1971

Hippe, R.: Die Ballade, Hollfeld 1980

Henze, W., Röbbelen, I.: Ballade. In: Praxis Deutsch. H. 35 (Ballade), 1979, S. 14–20; wieder abgedruckt in: Peter Braun/Dieter Krallmann (Hg.), Handbuch Deutschunterricht. Bd. 2, Literaturdidaktik. Düsseldorf 1983, S. 299–317

Hirschenauer, R.: Erfahrungen und Gedanken zum Deutschunterricht der Höheren Schule. In: Moderner Unterricht an der Höheren Schule. 1959

ders.: Der Lehrer als Interpret. In: Wege zum Gedicht I. R. Hirschenauer u. A. Weber (Hrsg.): ²1968

ders.: Die Ballade im Unterricht. In: Wege zum Gedicht II S. 84–101

Jost, P.: Die methodische Behandlung der Ballade im Unterricht. In: Pädagogische Nachrichten 5. 1952

Köpf, G.: Die Ballade. Probleme in Forschung und Didaktik. 1976

Leiner, F.: Der Vergleich als Mittel der Balladenbehandlung (Eine Auswahlbibliographie). In: Blätter für den Deutschlehrer. 21 Jg. 1977, S. 18–27 u. 48–53

Krüger, F.: Die soziale Ballade im Unterricht. In: Pädagogische Rundschau 6. 1951/53

Merkelbach, V.: Balladen – aber wann und wie und welche? Anmerkungen zur Balladen-Didaktik der siebziger Jahre. In: Diskussion Deutsch 76/1984, S. 162–185

Literatur für Leser 1983, Heft 2: Themenheft Ballade

Moritz, K.: Die Ballade. In: Die Pädagogische Provinz ³1967

ders.: Deutsche Balladen. Analysen f. d. Deutschunterricht. 1972

Müller-Blattau, J.: Die Ballade in musikalischer Beziehung. Ein Beitrag zur Querverbindung von Musik- und Deutschunterricht in der Oberstufe. In: Schola 4. 1949

Neis, E.: Wir interpretieren Balladen. Materialien zum Verständnis klassischer und moderner Balladen. 1968

Scherer, M.: Goethes »Erlkönig« im Deutschunterricht der 8. Klasse. In: Anregung. Heft 1, 1955, S. 5–16

Schmidt, E.: Die deutsche Ballade. Ihr Wesen und ihre unterrichtliche Behandlung. Die Scholle 22. 1954

Schmitt, H.: Unterrichtsversuch über die Edward Ballade. In: Neue Wege zur Dichtung im Leseunterricht der Volksschule. 1965

Studentkowski, K.: Möglichkeiten d. Balladenbehandlung im Unterricht. In: Der Deutschunterricht 8. 1956

Ulshöfer, R.: Methodik des Deutschunterrichts. 2. Mittelstufe 1. ⁹1972

Vogeley, H.: Balladen von der guten Tat. In: Der Deutschunterricht 8. 1956. Heft 4

Weber, A.: Die Kraniche des Ibykus in einer 3. Kl. In: Anregung, 1957

Welzig, W.: Der Typus d. deutschen Balladen-Anthologien. In: Österr. Akademie der Wiss. 1977

Wenz, G.: Die Ballade im Unterricht. In: Welt der Schule 6. 1953

Sammlung Metzler

Printed in the United States
By Bookmasters